길소뜸

KOFA 영화비평총서는 한국영화사의 대표작 한 편을
아카이브와 역사라는 관점하에
비평적 해석으로 펼쳐 보는 시리즈이다.
영화비평가와 영화사 연구자가 필진으로 참가할 각 권은
비평과 역사를 동시에 주목하는 스펙트럼 속에서
영화에 관한 다채로운 논의를 제공한다.

일러두기

- 총서의 기획과 구성, 책임편집은 한국영상자료원 학예연구팀장 정종화와 연구원 이수연이 맡았다.
- 한국영상자료원에서 기증과 수집을 통해 보유하고 있는 사진은 별도의 출처를 표기하지 않았으며, 그 외에는 사진 설명에 출처를 표시하였다.
- 영화의 작품명과 연도는 한국영상자료원 한국영화데이터베이스(KMDb)를 따랐다. 감독명과 개봉 연도는 각 장마다 해당 영화가 맨 처음, 주요하게 언급될 때 (감독명, 제작 연도) 형태로 병기했다. 감독명, 제작 연도, 배우 이름 등 영화 관련 정보는 ( ) 안에 표기하되, 본문 괄호와 구분되도록 별색으로 표기하였다.
- 맞춤법과 띄어쓰기는 국립국어원의 《표준국어대사전》을 따랐다. 논문 및 영화 등의 작품명은〈 〉, 문헌이나 저서명·정기간행물(학회지 포함)·신문명은《 》, 직접인용은 " ", 강조 및 간접인용은 ' '로 표기했다.
- 인명이나 지명은 국립국어원의 외래어 표기용례를 따랐다. 단, 널리 알려진 이름이나 표기가 굳어진 명칭은 그대로 사용했다.

길소뜸

Gilsotteum

역사 너머의 기억들

임유순 지음

KOFA 영화비평총서 7

애
ㄹㅍ

한국영상자료원Korean Film Archive은 영화의 역사를 보존하는 아카이브이자, 그 유산을 오늘의 언어로 새롭게 해석하는 비평의 장이기도 합니다. 'KOFA 영화비평총서'는 이러한 역할을 바탕으로, 한 편의 영화를 역사적 기록으로서, 동시에 살아 있는 텍스트로서 함께 바라보고자 기획된 시리즈입니다.

2024년 첫 출간한 〈휴일〉, 〈살인의 추억〉, 〈하녀〉, 〈최후의 증인〉에 이어, 올해는 〈오발탄〉, 〈첫사랑〉, 〈길소뜸〉, 〈여고괴담 두번째 이야기〉를 독자 여러분께 소개합니다. 한국영화 100년의 흐름 속에서 각기 다른 시대와 장르, 문제의식을 대표하며, 시간이 흐른 지금에도 여전히 새로운 질문과 의미를 불러일으키는 영화들입니다.

이 총서는 아카이브가 축적해 온 자료를 토대로 작품이 만들어진 역사적 조건과 시대적 맥락을 짚고, 동시대의 관점에서 새롭게 성찰해야 할 비평적 쟁점을 함께 제시하는 것을 목표로 합니다. 이를 위해 각 권은 해당 작품을 오랫동안 고민해 온 영화사 연구자와 영화비평가가 집필을 맡아, 각자의 시선으로 한 편의 영화를 세심하게 읽어 나갑니다.

이 책들이 한 편의 영화를 통해 아카이브의 가치와 역사적 의미를 되새기고, 비평이 지닌 사유의 즐거움과 깊이를 함께 전하는 계기가 되기를 바랍니다. 독자 여러분의 지속적인 관심과 응원이 이 총서를 앞으로 나아가게 하는 가장 큰 힘입니다.

2025년 12월
한국영상자료원 원장 김홍준
학예연구팀장 정종화

차례

상흔의 지도를 펼치다

〈길소뜸〉은 영화가 곧 기억의 장소임을 강렬하게 증언하는 작품이다. 억눌린 과거가 현재와 부딪히며 파편적인 기억으로 되살아나고, 개인의 삶과 집단의 역사가 한 서사 안에 교직된다. 전쟁과 분단이 한국 사회에 남긴 집단적 상처가 어떻게 기억으로 치환되어 지금의 삶 속에 자리하는지, 영화는 그 내밀한 과정을 집요하게 응시한다.

이 영화가 펼쳐 보이는 시간의 스펙트럼은 넓고도 두텁다. 식민지 시기부터 제작 당시인 1980년대에 이르기까지, 서로 다른 시간들이 교차하는 상흔의 지형을 통해 한국전쟁이 단일한 역사적 사건이 아니라 세대를 가로지르는 이 사회의 구조적 조건임을 증언한다. 한국의 근현대는 시대적 격변이 가져온 단절과 불연속의 궤적이 누적된 역사이다. 이 격랑을 고스란히 떠안은 채 살아가는 인물들의 삶은, 미셸 푸코가 말한 '역사적 시간의 비연속성'*이 무엇인지를 웅변하는 생생한 현장이다. 개인적 기억과 집단의 역사가 어긋나며 생긴 균열은 전쟁의 또 다른 차원으로 우리를 안내하여, 분단체제가 형성한 삶의 조건과 마주하게 한다.

영화의 울림을 더욱 증폭시키는 것은 1980년대라는 영화 제작 시기다. 이때는 전두환 정권의 정치적 억압과 민주화운동의 고조로 사회 전반에 긴장이 극에 달했던 시기였다. 일상의 엄혹함이 지속되는 가운데, 한편에서는 분단체제와 냉전 질서가 대중의 삶과 의식을 규정하는 강력한 통치 기제로 여전히 작동하고 있었다. 〈길소뜸〉은 전쟁의 상처를 과거의 사건이 아니라 현재를 규정하는 구조로 드러내어, 한국 사회의 내면을 비추는 거울이 되고자 한다.

그런 한편으로 이 영화는 감독의 개인적 체험이 기저에 놓여 있는 작품이기도 하다. 임권택은 〈길소뜸〉에 대해 "그 시대의 기록이지만, 동시에 내 안의 기록이기도"[1] 하다고 말한 바

---

* '역사적 시간의 비연속성discontinuity'은 미셸 푸코가 《지식의 고고학L'archéologie du savoir》(1969) 및 후속 저작에서 전개한 개념이다. 푸코는 역사를 단순히 이음새 없이 흘러가는 연속적 흐름으로 보지 않는다. 그는 역사가 원인-결과로 연결되는 '연속의 누적'이 아니라 '단절들의 계열'로 이해되어야 한다고 말한다. 푸코에게 '역사적 단절'은 우연적인 사건이 아니라 인식틀episteme이나 담론 체계가 전환되는 구조적인 단층을 의미한다. 미셸 푸코, 이정우 옮김, 《지식의 고고학》, 민음사, 1992, 25~26쪽.

있다. 이 말은, 청소년기에 전쟁을 겪었던 세대가 긴 침묵의 시간을 지나 비로소 건네는 늦은 고백으로 이 영화를 읽게 한다.

각본을 쓴 송길한과 촬영을 맡은 정일성 역시 청년기에 전쟁과 이산을 직접 경험한 세대이다. 동일한 세대적 체험을 공유한 창작자들의 기억은 영화의 서사와 이미지 곳곳에 어떤 식으로든 그 흔적을 남긴다. 개별적인 기억은 홀로 존재할 때 파편에 불과하지만, 같은 시대를 통과한 이들의 기억과 맞물리면 비로소 공동체의 역사를 지탱하는 단단한 틀이 된다. 〈길소뜸〉은 바로 그 교차하는 시선들을 통해 사적인 회고를 넘어 시대와 세대의 고통이 응축된 집합적 자서전을 구축해 낸다. 이는 망각된 과거를 현재의 스크린 위로 불러내어 공공의 기록으로 치환하는 예술적 증언에 해당하기도 한다.

그러나 〈길소뜸〉은 감정적으로 건조한 영화이다. 과거를 기억하는 방식은 자기연민의 회고와는 거리가 멀며, 피해자의 수난사를 나열하는 전형적인 연대기의 문법을 따르지도 않는다. 대상과 거리를 두는 냉담한 시선은 관객이 인물의 슬픔에 매몰되지 않고 이산이 남긴 파국적 결과를 객관적으로 직시하게 만든다. 이 영화가 포착하고자 하는 것은 공식 역사가 누락시킨 또 다른 역사이다. 그리고 그 정조(情調)의 기반이 되는 것은 전쟁을 직접 선택하거나 결정하지 않았던 세대가 그 폭력을 온몸으로 감각하며 감내해야 했던 무력감의 기억이다. 전쟁의 책임으로부터는 비껴 서 있었으나, 그것이 가한 폭력 앞에서 아무것도 할 수 없었던 경험이 영화 전반을 관통하는 정서적 토대를 이룬다.

무력감에서 비롯된 고통스러운 기억은 말로 쉽게 옮겨지지 않는다. 그것은 설명되기보다 침묵과 여백 속에 남아, 발화가 아닌 흔적의 형식으로 자신을 드러낸다. 〈길소뜸〉은 차마 언어화할 수 없는 무력감의 기억을 인물의 직접적인 고백으로 쏟아내기보다 영화 곳곳에 과거의 흔적들로 새겨 두는 방식을 택한다. 이때 그 흔적들은 개인의 내면에만 머물지 않는다. 아무것도 할 수 없었던 무력감 자체가 집단적 경험의 산물인 만큼, 사소해 보이는 장면조차 역사적·문화적 지형과 맞닿아 있어, 영화가 품은 의미의 층위는 두텁다. 이는 이 영화가 한국전쟁을 과거의 사건에 가두려 하지 않는 데서 온다. 대신 전쟁이 인물의 감정과 정서 속에 내면화된 채 현재의 삶을 어떻게 규정하고 있는지를 담담히 드러내고자 한다.

그렇기에 이 영화를 해석하는 여정은 스크린 너머의 세계와 마주하는 경험이자, 한국 사회의 내면을 새롭게 사유하는 통로가 된다. 그 과정은 마치 타인의 기억 속 잠든 파편과 조우하는 일에 가깝다. 처음에는 낯설게 느껴지던 그 파편이 이내 우리 안의 상처와 공명하는 순간, 타자의 상실은 우리의 감각으로 전이되고 개인의 기억은 집단적 기억과 맞닿게 된다. 이때 전달되는 고통은 한국 사회의 심층을 비추는 거울로 작동한다.

영화는 기억을 어떻게 예술적 형식으로 변환하며, 공동체를 다시 사유하게 만드는가. 이 물음은 이 책의 출발점이자 도달하고 싶은 지점이다. 한 편의 영화를 읽는 일은 작은 단서 속에서 한 시대의 심리적 현실을 찾아가는 작업이다. 비평은 그 접점에서 시대의 흔적을 되짚으며 새로운 질문을 던지는 행위다.

〈길소뜸〉은 바로 그런 비평적 물음을 촉발하는 작품이다. 수십 년의 시간을 가로질러 한국전쟁이 남긴 상흔의 지속성을 포착하고, 파편화된 기억을 구체적인 실체로 재구성해 내는 이 영화를 탐색하는 일은 한국 사회가 역사적 상처를 어떻게 마주하고 매개해 왔는지를 묻는 성찰의 과정이기도 하다. 이 책은 그 물음에 대한 비평적 응답이자, 우리 사회 깊숙이 새겨진 상흔의 지도를 읽어 내려는 시도이다.

1장
임권택의 영화 여정과 〈길소뜸〉

〈길소뜸〉 촬영 현장. 앞줄 왼쪽부터 유재형(촬영), 임권택, 정일성(촬영), 송길한(시나리오작가). 뒷줄 왼쪽은 유영진(조감독), 오른쪽은 강광호(조명).

〈길소뜸〉이
놓인 자리

〈길소뜸〉은 임권택의 대표작을 논하는 자리에서 빠짐없이 언급되지만, 그 위상은 여전히 질문의 형태로 남아 있다. 전쟁영화로 분류하기에는 사건의 비중이 크지 않고, 가족멜로드라마라 부르기엔 감정이 지나치게 절제되어 있으며, 분단영화라는 범주로 묶기에도 분단 문제에 대한 인식이 전면에 나서지 않는다. 기존의 장르 구분에 온전히 포섭되지 않는 애매한 위치에 놓인 작품이라 할 수 있다.

이 영화가 공을 들이는 것은 사건으로서의 전쟁이 아니다. 전쟁의 원인을 설명하거나 비극을 극복하는 서사에도 관심을 두지 않는다. 대신에 천착하는 것은 전쟁이 끝난 이후에도 사라지지 않는 잔여의 시간, 그리고 그 시간이 남긴 감각이다. 이는 기존의 전쟁 재현 문법이 포착하지 못했거나 구조적으로 배제해 온 영역을 가시화하려는 선택으로, 수십 년간 축적해 온 영화적 실천과 그 과정에서 마주한 치열한 고민에서 비롯된 것이다. 〈길소뜸〉의 미학이 단순한 형식의 문제가 아니라 작가적 결단의 차원에서 검토되어야 하는 이유가 여기에 있다.

이러한 결단의 배경을 확인하기 위해, 우리는 분석의 방법을 조금 달리해 볼 필요가 있다. 흔히 비평은 작품이 무엇을 말하는지 해석하는 작업으로 이해되지만, 때로는 그 작품이 어떤 자리에 놓여 있는지를 묻는 질문에서 출발하기도 한다. 특히 임권택처럼 반세기에 걸쳐 자기의 영화 세계를 구축해 온 감독이라면 더욱 그러하다. 한 편의 영화는 언제나 이전의 축적과 이후의 변화를 함께 내포하기 때문이다.

〈길소뜸〉은 임권택의 영화 여정 한가운데 놓인 작품이지만, 이 '중간'이라는 위치는 단순한 시간적 지점을 의미하지 않는다. 102편에 이르는 필모그래피 속에서 이 영화는 전작들이 취해 온 주제와 형식을 그대로 반복하지 않으며, 오히려 그것들을 다시 묻고 재배치한다. 그렇다고 이 낯설고 이질적인 외양이 과거와의 단절을 뜻하지는 않는다. 오랜 시간 축적된 경험은 더 근본적인 물음으로 되돌아온다. 〈길소뜸〉도 마찬가지다. 이후 예술가의 삶과 전통 예술의 세계로 나아가게 되는 흐름 역시, 기존 형식의 한계를 자각하며 새로운 영화적 언어를 모색하려는 움직임과 맞닿아 있다.

텍스트의 의미는 상호참조의 관계 속에서 생성되고 확장된다. 개별 작품은 앞선 작품들과의 연속과 단절, 그리고 이후의 변주 속에서 비로소 위치를 획득한다. 그렇다면 임권택에게 〈길소뜸〉은 어떤 의미의 영화였으며, 그의 영화적 궤적 속에서 어떤 전환을 이루는 작품이었는가. 또한 이러한 형태의 영화가 왜 하필 1980년대라는 시점에 등장할 수 있었을까. 이 질문에

답하기 위해서는 〈길소뜸〉에 이르기까지 임권택이 걸어온 길을 먼저 되짚어 볼 필요가 있다.

'나'를 말할 수 없던 시간들
: 1950-70년대

임권택은 1956년 영화 현장에 발을 들인 이후 줄곧 한국영화 산업의 중심을 지켜 온 감독이다. 흔히 1960년대까지의 시기를 그의 초기 혹은 수련기로 분류하지만, 이러한 규정만으로는 그 시기가 지닌 역사적·미학적 무게를 온전히 설명하기 어렵다.

그의 영화 여정을 이해하기 위해 먼저 짚어야 할 점은, 오랜 기간 자신을 드러내지 못하는 환경 속에서 영화를 만들어 왔다는 사실이다. 냉전 질서와 반공 이데올로기, 강력한 검열 체제와 국가의 요구, 그리고 빠르게 재편되던 영화산업의 논리는 감독에게 자율적인 자기 서사를 허락하지 않았다. 무엇을, 어떻게 말할 것인가, 창작 이전에 이미 타율적 질서에 의해 규정되던 시대였다. 여기에 좌익 집안 출신이라는 낙인은 그를 더욱 옥죄었다. 연좌제가 엄존하던 시대에 그것은 생존을 위협하는 조건이었다. 개인의 기억이나 상처를 직접 발화하는

영화 〈왕과 상노〉(임권택, 1965) 촬영 현장. 중앙의 의자에 앉아 있는 사람이 임권택 감독.

1장 | 임권택의 영화 여정과 〈길소뜸〉

것은 불가능에 가까웠고, 현실을 있는 그대로 재현하는 것 역시 허용되지 않았다.

훗날 임권택은 이 시기의 영화들을 현실 인식이 결여된 '부끄러운 기억'으로 회고했지만, 이러한 자기부정은 가혹해 보인다. 국가권력과 산업적 요구가 개인의 의지를 압도하던 상황을 감안한다면, 그의 초기작은 차라리 시대가 낳은 필연적 산물에 가깝다. 당시는 국가라는 거대 서사가 개인의 진실을 가려버린 거대한 침묵의 시대였다. 그런 의미에서 이 시기의 영화는 자기 언어를 빼앗긴 자가 남긴 '무언(無言)의 비명'이자, 금기가 새겨진 공백의 기록이라 부르는 것이 옳을 것이다.

그렇다고 이 시기의 영화들이 현실과 단절되어 있었다고 보기는 어렵다. 직접적인 발언이 불가능하더라도, 심리적 현실은 서사의 분위기와 정서, 감정의 결 속에 흔적을 남긴다. 말할 수 없음의 상태는 오히려 우회의 미학을 창출하며, 장르의 외피하에서도 정동(情動, affect)*의 밀도를 높여 당대의 집단적 정서를 드러낸다.

임권택에게 1950~60년대가 장르의 관습을 익히며 영화산

---

* 정동affect은 언어로 명명되기 이전의 신체적 반응으로, 이 글에서는 '감정'이나 '정서'와 긴밀히 결합된 것으로 쓰고 있다. 개인의 경계를 넘어 사람들 사이에 번져가는 집단적 감응이기도 하다는 점에서, 말로 다 담기지 않는 심리적 현실을 드러내는 통로가 된다.

업의 시스템에 적응하던 시기였다면, 1970년대는 그 관습의 틀을 벗어나 시대 현실과의 접점을 모색하기 시작한 때라 할 수 있다. 그러나 두 시기의 구분은 결코 단절을 의미하지 않는다. 두 시기 모두 그가 비로소 자신의 언어를 갖게 되기까지 거쳐야 했던 미학적 축적의 시간이자, 자기 서사를 향한 긴 도정이었기 때문이다.

① 장르의 감각: 1960년대

1956년 영화계에 진입한 임권택은 여러 제작 현장에서 경험을 쌓으며 영화 제작의 전 과정을 익혔다. 정창화 감독의 조감독으로 활동하며 실무를 체득한 그는, 26세에 데뷔작 〈두만강아 잘 있거라〉(1962)로 흥행에 성공하면서 감독으로서의 역량을 인정받았다. 이후 액션·멜로드라마·사극·첩보물·코미디 등 다양한 장르의 영화를 빠른 속도로 연출하며 1960년대 한국영화 산업의 흐름 한가운데에 자리했다. 쉼없는 다작의 시간이었으되, 장르 관습은 오히려 그가 고유한 영상 언어를 벼려나가는 토대가 되었다.

이때 연출한 영화들은 국가의 이념적 요구와 충돌하지 않도록 조율되었으며, 검열과 제도, 시장이 허용하는 범위 안에서 사건과 감정의 배치와 표현이 이루어졌다. 그러나 이렇듯 공적인 제약하에 만들어진 영화들에서도 장르를 가로질러 공유되는 시대적 감각이 감지된다. 침묵이 강요되는 시대일지라도, 당대의 현실은 감정과 분위기의 형태로 영화에 투영될 수밖에 없다. 장르적 훈련을 거치며 임권택은 말해질 수 없는 것들을 영화적 형식 속에 담아내는 법을 현장에서 익혀 나갔다. 이 시기의 제작 경험은 훗날 역사적 상처를 직접 대면할 수 있는 조건이 갖춰졌을 때, 새로운 형식을 모색할 수 있는 발판이 된다.

1960년대 임권택의 영화에서 반복적으로 감지되는 불안정과 공허는 이러한 맥락 속에서 이해될 필요가 있다. 세계는 언제든 붕괴의 가능성을 내포한 상태로 제시되고, 인물들은 정착하지 못한 채 부유한다. 이러한 불안정성은 이야기 구조에도 반영되어, 서사는 예고 없이 방향을 전환하거나 완결을 유예한 채로 끝나곤 한다. 이는 발화 불가능성, 다시 말해 표현의 제한과 봉쇄라는 시대적 조건이 영화의 형식 속에 남긴 흔적으로 읽을 수 있다.

이 시기 영화의 정조를 이루는 것은, 무언가 말해야 하지만 끝내 말할 수 없는 상태에서 비롯된 긴장감이다. 이러한 긴장은 직접적으로 분출되지 못하고 영화 내부의 기저에 잠복해 있지만, 이후의 작품들에서 질문의 형태로 표면화될 가능성을 품고 있다. 그 잠재성이 열리는 순간, 임권택의 영화는 현실을 감각적으로 재구성하고 이를 스크린 위에 정동으로 각인하는 단계로 나아가게 된다.

② 장르의 바깥에서 마주한 현실: 1970년대

1970년대는 국가의 통제를 받아야 했다는 점에서 이전 시기와 다르지 않지만, 그 작동 방식은 더 엄격해진 때였다. 영화산업의 지형도 크게 달라졌다. 전 시대의 양적 팽창과 호황이 빠르게 막을 내리며 영화산업은 침체 국면에 접어들었다. 텔레비전의 확산과 외화 유입의 확대로 극장 관객이 급감하면서, 영화는 더 이상 일상적 오락의 중심 매체로 기능하지 못하게 되었다. 여기에 영화법 개정을 통한 제작·상영 체계의 경직화가 더해지면서, 산업 전반의 활력이 크게 저하된 상황이었다.

이 시기에 임권택이 국책영화 제작에 본격적으로 참여했던 것도 이러한 침체와 재편의 국면에 놓인 산업 여건과 긴밀하게 관련되어 있다. 국책영화는 열악해진 영화산업을 유지하고 관리하기 위한 정책적 장치로 활용되었다. 그렇게 영화는 국가의 개발과 근대화 담론을 설득하는 정책 수행의 장이 되었다. 임권택은 이러한 조건 속에서 국가와 산업이 요구하는 역할을 감내하며 영화제작을 지속하게 된다.

그러나 이 같은 행보가 곧 작가적 자율성의 완전한 소멸을 의미했던 것은 아니다. 임권택은 제도적 틀이 부과한 역할을 수행하면서도, 역설적으로 자신만의 미학적 방법론을 탐색하기 시작했다. 실제로 장르적 관습을 가로지르는 형식적 실험과 역사적 현실을 다루는 작업이 본격화된 시기 역시 바로 이

무렵이었다. 질문의 방향도 달라지고, 세계는 이전보다 복잡한 모습으로 화면에 나타나기 시작했다. 이러한 전환의 징후는 〈잡초〉(1973), 〈왕십리〉(1976), 〈깃발 없는 기수〉(1979), 〈짝코〉(1980)에 이르는 작품들에서 확인된다.

임권택은 전 시대와는 다른 태도로 영화를 만들겠다는 의지를 작품 안에 은밀하게 피력해 두었다. 그 대표작인 〈왕십리〉는 액션영화나 멜로드라마와 같은 장르적 요소를 부분적으로 차용하면서도 그 규범에 안착하기를 거부하는 영화이다. 게다가 주인공 준태(신성일)의 갑작스런 결심을 보여 주는 마지막 장면을 통해 더 이상 외부의 관습에 의지하지 않겠다는 감독 자신의 뜻을 분명히 밝혀 두기까지 한다.

그 구체적 양상은 이런 것이다. 14년간 외국에서 생활한 준태는 고향인 왕십리를 잠시 찾았다가, 외국으로 돌아가기로 한 날 뜻밖에도 고향에 남겠다고 선언한다. 고향에 남겠다는 그의 다짐은, 외부의 문법들에 의지하던 과거의 태도를 접고 역사와 현실을 기반으로 영화를 만들겠다는 임권택의 결단을 우회적으로 표현한 것으로 보인다. 더 이상 떠돌지 않고 '주인이 되겠다'는 준태의 대사는, 이제는 현실에 정박하겠다는 감독 자신의 결심처럼 들린다. 더구나 주인공의 이러한 다짐이 고향을 떠난 지 14년 만에 이루어졌다는 점은 우연으로 보이지 않는다. 그것은 이 영화가 감독의 데뷔작 이후 정확히 14년이 지난 시점에 만들어졌다는 사실과 절묘하게 겹쳐지기 때문이다.

이러한 변화는 전작들과의 대조를 통해 더욱 선명히 확인된다. 이를테면 남성 멜로드라마와 액션영화의 결합이라는 점에서 〈비나리는 선창가〉(1970)와 〈왕십리〉는 유사한 출발선을 공유한다. 두 영화 모두 오랜 해외 체류를 마치고 귀국한 남자가 과거의 사랑과 고향을 다시 마주한다는 서사구조를 취한다는 점에서 그렇다. 특히 장동휘가 연기한 〈비나리는 선창가〉의 주인공은, 귀환 이후 고향에 머물려는 듯 보이지만 끝내 이 땅에 정착하지 않는다. 그는 다음 세대가 성장할 수 있는 여건을 마련해 준 뒤 다시 떠나기로 한다. 이러한 선택의 밑바탕에는 뿌리내릴 수 없는 현실에 대한 체념이 깔려 있다.

이에 비해, 〈왕십리〉는 거의 동일한 출발점에서 정반대의 결론에 도달한다. 〈비나리는 선창가〉에 비해 현실의 상황은 더 나쁜 편이지만 영화의 마지막에 이르러 주인공 준태는 갑자기 마음을 바꿔 고향에 남기로 한다. 〈비나리는 선창가〉가 고향을 떠날 수밖에 없는 상황을 그렸다면, 〈왕십리〉는 고향에 머물고자 하는 의지를 보여 준다고 할 수 있다. 뚝섬 인근 돌곶이 다리에서 석양을 배경으로 '여기에 뿌리내리고 살겠다'고 선언하는 준태의 말은, 극중인물의 결심을 넘어 감독 자신의 굳은 다짐일 수 있다.

이후 임권택이 보여 준 행보는, 〈왕십리〉의 선택이 일회적 변주에 그치지 않음을 분명히 한다. 이는 그간 외래의 형식에 기대어 현실을 우회하던 단계에서 벗어나, 이 땅의 시간과 삶을 직접 사유하는 방향으로 이동하고 있음을 보여 주는 깃이자, 이후 영화들에서 반복적으로 다루어질 문제의식을 예비하는 계기이기도 하다. 흔히 1960~70년대는 그의 영화 여정에서 준비기나 과도기로 간주되지만, 임권택에게 이 시기는 침묵을 견디며 말할 수 없는 조건을 몸으로 통과한 시간이었고, 동시에 영화 형식을 내부에서부터 학습해 나간 기간이었다. 이 시기에 축적된 경험은, 훗날 임권택이 자기 세대의 시선으로 네이션nation*의 상처를 성찰할 수 있는 토대를 형성한다.

다만, 이러한 다짐이 곧바로 과거와의 절연으로 이어졌다고 말하기는 어렵다. 이 시기의 영화들에서 인물들은 여전히 역사적 격변 속에 떠밀리는 존재로 그려지며, 개인의 기억과 내면이 서사의 중심으로 전면화되지는 않는다. 이는 감독의 의지 부족이라기보다, 네이션의 상처를 개인의 차원에서 사유하

---

* 근대적 의미의 국민국가Nation-State는 문화적 정체성을 공유하는 사람들의 공동체인 '네이션Nation'과 이를 통치하는 제도적 틀인 '스테이트State'가 결합된 개념이다. 한국의 근현대사는 이 두 개념이 일치하기보다 충돌해 온 과정이었다. 주권 상실의 시대에도 네이션은 자각된 주체로 존재했고, 냉전기와 독재정권기에는 스테이트가 네이션의 열망을 억압하며 사람들의 삶에 깊은 상흔을 남겼다. 이 책에서 '네이션'이라는 용어는 제도적 틀에 갇힌 '국가' 대신, 그 틀에 저항하며 스스로의 삶을 지켜 내려 했던 공동체를 가리키는 말로 사용된다.

기 어려웠던 시대적 조건의 영향이 크다는 점을 보여 준다. 이러한 제약 속에서는 변화가 단번에 가시화되기보다 축적과 우회의 형태로 진행될 수밖에 없었다.

임권택은 스스로 1970년대부터 현실을 담은 영화를 만들기 시작했다고 회고한다. 국책영화 제작이라는 제도적 틀 속에서 가능해진 이 시선 전환은 〈잡초〉, 〈깃발 없는 기수〉, 〈짝코〉로 이어지며, 식민지 시기와 해방기, 한국전쟁이라는 과거사를 다시 들여다보려는 시도로 구체화된다. 그러나 이 작품들이 호출하는 것은 감독 자신의 세대가 아니라 네이션의 현실에 책임이 있거나 최소한 그 역사적 선택의 한복판에 서 있던 '아버지 세대'의 시간이다. 이는 고통의 기원을 향한 탐색이었으나, 임권택은 아직 자신의 내면을 전면화하는 데까지 나아가지 못한다. 1970년대의 변화는 단번에 가시화되기보다 횡보와 우회의 형태로 진행되지만, 바로 그 이동과 축적이 1980년대에 이르러 임권택이 비로소 자기 세대의 시선으로 역사적 현실을 바라볼 수 있는 토대가 된다.

영화 〈왕십리〉(임권택, 1976, 우성사 제작) 대본을 보고 있는 임권택(왼쪽)과 전영선(오른쪽).

영화 〈왕십리〉의 한 장면. 신성일(왼쪽)과 전영선(오른쪽).

1980년대
: 나를 응시하기 시작하다

한국 현대사에서 1980년대는 단순한 연대 구분을 넘어서는 전환의 시대였다. 광주항쟁을 계기로 폭력이 현재를 규정하는 핵심 조건임이 분명해졌고, 오랫동안 억압되어 온 폭력의 기억들에 대해 더 이상 침묵해서는 안 된다는 문제의식이 공유되었으며 기억의 방식 자체가 성찰의 대상이 되기 시작했다.

이때 일어난 가장 근본적인 변화는, 오랫동안 국가가 독점해 온 역사 서사에 균열이 생기고 기억의 발화가 본격화되었다는 점이다. 대항적 기억과 서술들이 본격적으로 등장하는 과정에서 역사적 진실의 복수성이 드러났고, 침묵 속에 묻혀 있던 경험들이 공적 서사의 장으로 진입했다. 역사란 무엇이며 누가 그것을 말할 수 있는가라는 질문이 제기되기 시작한 것도 이때였다.

그 전환의 중심에 놓인 것이 한국전쟁을 둘러싼 기억의 지형 변화였다. 광주항쟁이 폭력을 현재의 문제로 소환했다면, 그 충격은 더 오래된 폭력의 기원으로 시선을 되돌리게 했다. 전쟁은 과거사로 정리되거나 봉합될 수 없는 '상처'로 재인식되었고, '무엇이 일어났는가'에서 '그 이후의 삶은 어떻게 지속되는가'로 질문이 확장되었다.

이전 시기의 영화들이 냉전적 금기에 가로막혀 전쟁을 집단적 희생의 신화 속에 가두어 두었다면, 1980년대에 이르러서는 그간 유예되었던 실존적 질문들이 비로소 수면 위로 부상하기 시작했다. 이러한 전환은 전쟁을 현재를 규율하는 폭력의 연원으로서 재인식하게 했다. 기억은 단순한 회상이 아니라 과거가 끝나지 않았음을 상기시키며 현재를 잠식하는 힘으로 작동한다는 인식이 그 핵심이었다. 이러한 사유의 전환에 따라, 영화의 관심은 사건의 재현에서 사건 이후의 삶과 남겨진 시간, 현재를 흔드는 상처의 지속성으로 이동하게 되었다. 그 기억을 어떻게 감당하며 살아갈 것인가. 이것이 1980년대에 임권택이 정면으로 마주한 질문이었다.

〈길소뜸〉은 이러한 변화의 흐름 속에 놓여 있는 작품이다. 중요한 것은 이 변화가 1980년대에 갑작스럽게 이루어진 것이 아니라는 사실이다. 오랜 침묵과 제약 속에서 축적되어 온 것들이 이 시기에 비로소 형식을 얻었다고 할 수 있다. 광주항쟁 이후 형성된 문제의식이 임권택으로 하여금 자기 세대의 위치에서 역사를 다시 바라볼 수 있는 가능성을 열게 한 셈이다. 전시대의 영화가 아버지 세대의 선택과 비극을 이해하려는 시도였다면, 이제 그의 영화는 자신을 정면으로 응시하는 자리에 서게 된다.

2장
국가 서사의 공백과
남겨진 고통

"TV 매체를 통해, 그동안 누적되어 왔던
이산가족 문제에 처음으로 불을 당긴 것이지.
그 불길이 바야흐로 전국에 타오르고 있는 거야."

〈길소뜸〉은 한국전쟁을 종결된 역사가 아니라 현재화된 상흔으로 사유하는 영화이다. 이 영화가 응시하는 것은, 전쟁 이후에도 사라지지 않는 잔여의 시간, 개인의 삶 속에 침윤된 역사, 그리고 그것이 집단기억과 매체 재현을 통해 재구성되는 과정이다. 이 작품을 읽는 일은, 한국 사회가 전쟁을 어떻게 기억하고 말해 왔는지를 묻는 과정이자 동시에, 그로 인해 형성된 마음의 풍경을 드러내는 작업이기도 하다.

한국전쟁만큼 명분이 모호한 전쟁도 드물다. 싸워야 할 대의조차 분명하지 않은 채 전개되었다는 점에서, 누구도 선뜻 정의 내리기 힘든 사건으로 기록된다. 내전이면서도 정작 당사자인 한국인들은 납득할 이유도 모른 채 전쟁의 소용돌이에 휘말려야 했다. 여기에 강대국들의 이해관계가 개입하면서 대리전의 성격을 띠게 되었고, 종전이 아닌 정전 상태가 70년 넘게 지속되어 왔다. 오늘날까지도 그 해석을 둘러싼 논쟁이 끊이지 않는, 말 그대로 '끝나지 않은 전쟁'으로 남아 있다.

그 과정에서 지불된 대가는 참혹했다. 불과 3년 남짓한 기간 동안 군인과 민간인을 합쳐 수백만 명이 목숨을 잃었고, 한반도 전역이 폐허로 변했다. 전체 인구의 10분의 1 이상이 살던 터전을 잃고 난민으로 전락했으나, 수치로 가늠할 수 없는 비극은 따로 있었다. 해방된 지 얼마 지나지 않아 동족끼리 총부리를 겨누어야 했다는 사실은 민족 공동체의 감각 자체를 뿌리에서부터 흔들었다. 분단이 고착화되면서 가족의 생사조차 알수 없는 이산(離散)의 고통이 이어졌고 그 상처는 세대를 넘어 오늘날까지도 아물지 않은 채 이어지고 있다.

〈길소뜸〉은 이처럼 정당성 없는 전쟁이 남긴 비극을 정면으로 응시한다. 아들 석철(한지일)과 화영의 남편(전무송)이 던지는 '무엇을 위해 싸워야 했나', 혹은 '왜 하나의 민족이 오랜 단절 속에 살아야 하는가'라는 물음은, 전쟁을 지탱해 온 명분의 부재와 이념의 공허함을 드러낸다. 더욱 문제적인 지점은 전쟁을 단일한 사건으로 고정하지 않는다는 데 있다. 오히려 영화는 단절된 기억들을 다시 배열함으로써 한국전쟁의 시간을 비판적으로 재구성한다.

영화의 서사가 단일한 이야기로 수렴되지 않는 것도 같은 맥락이다. 〈길소뜸〉은 전쟁의 상흔을 인물마다 다르게 각인시킨다. 각자가 선택한 생존의 경로를 따라 전쟁의 흔적이 서로 다른 삶의 형태로 남아 있음을 보여 줌으로써, 한국전쟁이 하나의 기억이나 서사로 환원될 수 없음을 증명한다. 과거와 현재, 기억과 현실이 서로 맞물리고 충돌하는 과정에서 단일한 서사는 유효성을 잃는다. 이러한 착종과 혼재는 다중의 시간과 감정이 공존하는 입체적 서사 공간을 구축한다.

생방송 〈이산가족을 찾습니다〉의
영화적 재매개

〈길소뜸〉은 1983년 KBS에서 방영된 생방송 프로그램 〈이산가족을 찾습니다〉(1983)를 직접적인 계기로 탄생한 작품이다. 오프닝 크레디트가 끝나자마자 스크린에는 오누이의 극적인 상봉 장면이 방송 화면으로 제시되고, 곧이어 그 장면을 거실에서 지켜보는 3남매의 모습이 이어진다. 한 아이는 눈물을 훔치며, 화면 속 재회를 마치 자신의 일처럼 받아들이는 모습이다. 방송 이미지와 이를 수용하는 가족의 반응을 병치한 이 장면은, 당시 한국 사회를 관통했던 집단적 정동을 압축적으로 드러낸다.

이러한 연출은 당대의 기록에 근거한 것이기도 하다. 1983년 10월, 한국갤럽조사연구소가 실시한 조사에 따르면, 응답자의 절반 이상이 생방송 〈이산가족을 찾습니다〉를 새벽까지 시청했으며, 방송을 보며 눈물을 흘렸다고 답한 비율은 90퍼센트에 육박했다.[2] 극중인물의 대사로 직접 인용되기도 하는 이 수치는 단순한 시청률을 넘어 텔레비전이 전국적 규모의 정서적 공명의 장(場)으로 기능했음을 보여 준다. 사적인 상처들이 안방의 화면을 매개로 하나의 서사로 엮이는 이 순간, 텔레비전은 분단 이후 처음으로 전쟁 기억이 집단적으로 발화되는 무대이자, 감정이 사회적으로 공유되는 매체적 장이 된다.

실제로 임권택은 1983년 방송 당시 여의도 광장의 현장을 직접 카메라에 담았고, 이 기록 영상의 일부를 영화에 삽입하거나 블루스크린 합성으로 극 중 장면과 병치했다. 영화의 초반 서사는 실제 TV 영상을 전면에 배치한 뒤, 그 뒤에 허구적 인물의 이야기를 더하는 방식으로 전개된다. 텔레비전이 구축한 감정의 장을 다시 영화적 공간으로 옮겨 오는 이 구성은, 이산의 기억이 재현되는 조건과 그 의미를 비판적으로 성찰할 계기를 제공한다. 나아가 이러한 기록과 허구의 병치는 집단적 정동과 개별적 기억이라는 서로 다른 층위가 단일한 텍스트 안에서 동시에 가시화되도록 만든다.

이러한 기록과 허구의 병치는 '이산가족 찾기' 생방송이 노출한 불편한 진실을 응시하기 위한 장치이기도 하다. 수백만 명의 눈물을 이끌어 낸 이 프로그램은 분단의 현실을 가시화하는 데 기여했지만, 동시에 개인의 비극을 공적인 스펙터클로 소비하는 아이러니를 지니고 있었다. 〈길소뜸〉은 바로 이 지점, 즉 감정의 집단화가 은폐하고 있는 진실을 정면으로 마주한다.

〈길소뜸〉은 '이산가족 찾기' 생방송의 실제 영상을 극영화에 과감하게 배치하여, 그것을 단순한 시대 표식으로 소비하지 않고 서사와 정동을 움직이는 동력으로 전유한다. 여기서 아카이브 영상은 사실성을 담보하는 보증물에 머물지 않고, 새로운 맥락에서 수행적으로 의미를 생산하는 재현의 재료로 활용된다. 이 과정에서 기록과 허구는 서로를 증폭시키며 하나의 감각적 경험을 형성한다. 이때 아카이브 영상은 이질적인 두 영역을 매개하는 동시에, 집단적 기억을 현재적 감정 경험으로 재구성하는 적극적인 장치로 기능한다.

이러한 영상 배치 자체가 낯선 시도는 아니다. 기록 영상을 허구적 서사 속에 재맥락화하는 '아카이브 푸티지archival footage'의 활용은 이미 보편화된 미학적 장치이며, 기록 영상이 역사적 경험과 의미를 새롭게 조직하는 매개가 된다는 점 역시 널리 공유된 인식이다.[3] 그러나 검열과 통제가 일상화된 1980년대 상황에서 방송 영상을 허구적 서사와 병치시킨 시도는 형식적 실험에 그치지 않는다. 방송 영상은 국가 주도의 공식 기록이다. 〈길소뜸〉은 그 영상의 감정적 서사를 배반하는 이야기를 통해 공식 기록의 권위에 균열을 낸다. 이는 직설적이지 않으나 미묘하게 작동하는 저항의 표식으로서, 국가 서사의 공백을 목격하게 만드는 전략이다.

국가 주도의
감정정치

1980년대 초반 한국의 방송 시스템은 국가권력의 강력한 통제 아래 놓여 있었다. 전두환 정권은 1980년 '언론통폐합'을 단행하며 KBS를 사실상 정권의 핵심 선전 매체로 재편했다. 편성과 제작 과정은 청와대와 문화공보부의 사전 승인과 검열을 거쳐야 했다. 당시 방송국의 내부 문건에 등장했다고 전해지는 '국책방송'이라는 표현은, KBS가 국가정책의 전달과 정당화를 수행하는 기구였던 현실을 단적으로 드러낸다.

〈이산가족을 찾습니다〉 역시 이러한 국책적 맥락 속에서 탄생한 프로그램이었다. 표면상으로는 KBS의 독자적 기획처럼 보이지만, 실제로는 국가의 승인과 지원 아래 추진된 초대형 프로젝트였다. 정규 편성을 대폭 축소하고 138일 동안 총 453시간 45분에 이르는 생방송을 지속한 기록[4]은 국가의 주도적 개입 없이는 불가능한 것이었다. 주야간을 가리지 않는 생중계 자체가 국가가 방송편성권을 독점적으로 장악하고 있었음을 방증한다. 이러한 전례 없는 규모의 특집 방송은 '국민'을 집결시키고 '국가'의 현존을 각인시키는 거대한 통치 장치이자 교양이라는 이름의 계몽 프로젝트였다.[5]

1983년은 정권이 대외적으로는 개방과 안정의 이미지를 부각하고, 대내적으로는 사회통합의 기제를 마련하고자 했던 시기다. '이산가족 찾기' 방송은 '순수한 인도주의'를 전면에 내세웠으나, 그 눈물과 감동의 이면에는 국가가 치밀하게 설계한 통치 전략이 작동하고 있었다. 개인의 비극과 재회의 서사가 공적 정서로 재배치됨에 따라, 억눌렸던 감정은 오히려 국가의 질서를 가시화하고 정당화하는 매개가 되었다. 이 프로그램 자체가 인도주의의 외피를 두른 정교한 감정정치의 장이었다.

임권택의 〈길소뜸〉은 이러한 감정정치의 작동 방식을 미묘한 거리두기를 통해 드러낸다. 초반부의 방송 장면이 그 단적인 예다. 헤어졌던 누이를 33년 만에 찾은 남성이 두 팔을 치켜들고 "한국방송공사 만세!"를 외치며 "대단히 감사합니다!"를 연발하는 순간, 스크린은 감격의 장면을 보여 주는 동시에 그 감격이 생산된 조건을 함께 드러낸다. 감동의 '기획자'를 노출하는 이 장면을 서두에 배치한 영화의 선택은, 상봉의 기쁨이 개인의 서사를 넘어 국가권력의 연출된 성과로 귀속되는 현실을 가시화하고 있다.

이러한 영화적 응시는 당시 방송이 수행했던 정치적 기능을 재확인시킨다. 실제로 〈이산가족을 찾습니다〉는 개인의 눈물과 기쁨을 국가의 성과로 전유한 거대한 무대였다. 이는 군사정권이 기획과 실행 단계에 깊숙이 개입하여 대중의 정서를 조직적으로 동원한 미디어 실험이기도 했다. 언론을 장악한 전

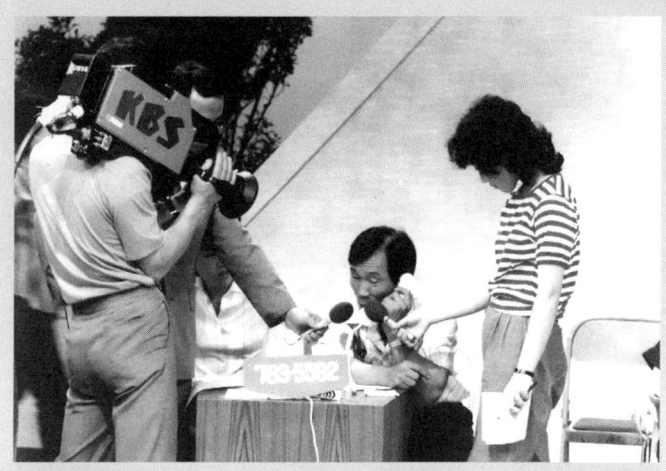

KBS〈이산가족을 찾습니다〉생방송 진행 현장과 실제 방송 송출 화면. ※출처: KBS 이산가족찾기 누리집

2장 | 국가 서사의 공백과 남겨진 고통

두환 정권의 미디어 전략은, 감정을 통치의 자원으로 전환하는 감정정치의 논리와 긴밀히 결합한다. 이 프로그램은 남북분단의 비극을 환기하는 동시에, 반공 서사의 감정적 토대를 구축하는 장치로 활용되었다.

이산의 비극을 둘러싼 이 서사는 공영방송과 국가 기념식, 보도자료, 영화 등의 다양한 매체로 매개되어 국가의 기억정치 안으로 편입되었다. 이 과정에서 분단의 책임은 북한으로 전가되었고, 그 체제의 비인도성을 부각함으로써 국가는 통일 담론 역시 자신의 정서적 반경 안으로 포섭했다. 방송이 집요하게 포착한 눈물과 절규의 클로즈업은 개인의 고통을 국가적 감정으로 번역하는 장치였으며, 상봉 이후 반복되는 감사의 몸짓은 개인적 비극이 국가가 승인한 공식 서사로 전환되는 과정을 가시화하는 증표였다.

여기서 주목할 점은 이 시청 경험이 창출한 유례없는 집단성이다. 전 국민의 70퍼센트가 같은 시간에 TV 앞에 앉아 동일한 장면을 보고 함께 눈물을 흘렸다는 사실은, 이 방송이 단순한 프로그램을 넘어 국가가 주도하는 의례에 가까웠음을 방증한다. 안방에서 흘린 눈물은 '민족의 아픔을 잊지 말자'는 메시지로 번역되었고, 이는 곧 집단 정체성을 거쳐 국가정체성으로 확장되는 동력이 되었다. 특히 광주민주화운동의 무력 진압으로 실추된 정권의 도덕성을 회복하려는 정치적 의도는 이러한 거대한 정서적 흐름 속에 자연스럽게 은폐되고 흡수되었다. 해외 언론의 인도주의적 평가와 이를 활용한 대대적 홍보는 이 감정정치가 거둔 부수적 효과였다.

감동의 스펙터클과
현실의 잔여

〈길소뜸〉의 서사를 더욱 입체적으로 만드는 것은 현실과 허구의 경계를 흔드는 구성 방식이다. 아카이브에서 가져온 방송 영상/음성은 단순한 배경을 넘어 극적 서사와 긴밀히 엮이며 독특한 긴장을 만들어 낸다. 이러한 구성은 방송 속 사연들이 극 중 서사의 빈틈을 메우는 구체적인 정보로 작용하게 하며, 인물들이 미처 발화하지 못한 내면의 공백을 보완함으로써 서사의 밀도를 한층 높이는 장치가 된다.

예컨대, 서울로 올라오는 차 안에서 화영(김지미)은 라디오 방송을 통해 북간도로 이주했다가 귀환한 한 인물의 사연을 듣게 된다.

여성 잘 모르겠습니다.
남성 모르겠다고 그러지 말고 찬찬히 생각을 더듬어 봐요.

여성 글쎄, 너무 어렸을 때라 기억이 잘 안 납니다.

사회자 북간도에서 언제까지 사셨습니까?

남성 그게 그러니까 왜놈들한테 땅마지기 있는 것 죄다 뺏기고요. 먹고살 길이 없어서 간도 땅으로 유민을 떠났다가 8·15 해방이 된 이듬해에야 고향으로 돌아왔지요.

이 방송 내용은 해방 후 화영의 가족이 길소뜸으로 돌아오는 장면 직전에 배치된다. 라디오에서 흘러나온 것이기 때문에 이것이 실제 방송인지, 감독이 방송 내용을 재연한 것인지 불명료하다. 특히 발화의 어조가 다소 정제되어 있다는 점에서, 현장의 실제 발언이라기보다 구성된 대화처럼 들리기도 한다. 다만, 그 대화 내용이 방송의 형식을 그대로 따른 것임은 분명해 보인다.

이 음성이 흐르는 동안, 화면은 현재의 자동차 내부에서 해방 직후 고향으로 돌아오는 화영 가족의 모습으로 전환한다. 그리고 오프닝 장면에 등장했던 갯벌 풍경이 화영의 시점숏으로 삽입된 뒤, 고향 마을로 들어서는 가족의 모습이 여러 각도의 숏으로 이어진다.

일제강점기에 고국을 떠나야 했던 화영 집안의 과거는, 일본이나 북간도로 이주했다가 해방 이후 돌아온 실제 인물들의 사연과 자연스럽게 연결된다. 이처럼 개인의 기억과 민족적 경험은 상호참조되며 하나의 복합적인 서사적 층위를 형성한다. 곧이어 "부산에 호열자가 발생해서 전국을 휩쓸었는데 그건 기억나요?"로 시작되는 이산가족 찾기 방송의 목소리가 운전 중인 화영의 얼굴 위로 겹쳐진다. "시체도 치워 주는 사람이 없었기 때문에 군청 사람들이 집하고 죽은 사람하고 한꺼번에 태워 버리기도 했었"다는 방송 속 증언이 이어지는 순간, 화면은 전염병으로 가족을 모두 잃었던 과거의 장면으로 이동한다. 불길 속으로 사라지는 집 앞에서 몸부림치며 오열하는 화영을 카메라는 길게 담아낸다.

영화는 서사에 필요한 정보를 방송 기록의 형식을 통해 제시하는 동시에, 기록 영상과 허구의 드라마가 분리되지 않고 하나의 서사 장치로 작동하도록 설계한다. 그 결과, 관객은 극중인물의 과거를 마치 실제 증언을 통해 접하는 듯한 감각적인 현실성을 경험하게 된다. 이러한 현존감은 기억이 개인의 내면에만 머무르지 않고 사회적으로 구조화되어 전달되는 과정을 시각적으로 구현한 것이기도 하다. 이는 마리안 허쉬Marianne Hirsch가 말한 '후기 기억postmemory'*의 작동 방식과도 맞닿아 있는데, 관객은 직접 겪지 않은 사건임에도 불구하고 그 감정

---

* 마리안 허쉬는 사진과 가족 서사를 통해 '후기 기억' 개념을 본격적으로 제시한다. Marianne Hirsch, *Family Frames: Photography, Narrative, and Postmemory*, Cambridge, MA: Harvard University Press, 1997.

과 현장에 정동적으로 접속하게 된다. 기록과 허구가 결합된 이러한 재현 방식은 영화 공간을 단순한 상상의 장이 아니라, 역사적 현장의 질감을 감각적으로 인지하는 체험적 아카이브로 확장한다.

그런 한편으로 이 영화가 주목하는 지점은, 한국전쟁이라는 다층적 서사를 감동의 이야기로 봉합하려는 국가 주도의 감정 장치가 누락해 온 것들이다. 영화는 거대한 프로그램이 담지 못한 침묵을 가시화하고 감동의 스펙터클이 은폐해 온 현실의 균열과 결핍을 드러낸다.

〈길소뜸〉 개봉 당시, 한 논객은 다음과 같이 평한 바 있다.

〈길소뜸〉은 뚜렷한 주제의식을 저변에 깔고 있으나, 구성이 산만하여 이야기를 극적으로 압축시키지 못했다. 단지 현재와 과거가 평면적인 서술 형식으로 **장황하게 그려지고 있을 뿐** 과거를 환기시키는 현재의 심리적 디테일이 부각되지 않아 **드라마가 뜨겁게 달아오르지 못했다.**[6] (강조는 필자)

그러나 이 평가는 작품의 지향점을 충분히 고려하지 않은 측면이 있다. 〈길소뜸〉은 텔레비전 프로그램에서 출발하지만 그 서사가 향하는 방향이 전혀 다르다. 수십 년 만에 아들을 찾게 된 화영의 이야기는 상봉의 기쁨으로 수렴되지 않는다. 카메라가 공을 들이는 것은, 예상을 배반하는 침묵과 어색함, 그리고 관계가 균열되는 순간이다. 재회는 서사적 완결이 아니라, 불편한 현실을 드러내는 계기일 뿐이다.

이 영화가 포착하려는 것은 방송이 보여 주지 못했거나 의도적으로 배제했던 순간들, 다시 말해 브라운관 밖으로 밀려난 '현실의 잔여'이다. 스펙터클 이면에 놓인 불편한 현실을 좇기 위해 〈길소뜸〉은 외형적인 사건보다 전쟁이 남긴 상흔의 결을 따라간다. 때문에, 감정이 충만한 뜨거운 드라마는 불가능하다. 인간 내면의 복잡함과 감정의 미묘한 결을 담아내려 할수록, 서사는 사건의 추진력을 잃고 느슨해지거나 지연될 수밖에 없다.

이러한 서사 전략을 통해 〈길소뜸〉은 국가 미디어가 관리해 온 감정의 정치학에 균열을 내며, 감동의 스펙터클이 봉합해 온 분단의 심리적 잔여를 가시화한다. 영화는 가족의 재회를 일시적인 감정적 치유의 순간으로 환원하기를 거부한다. 대신, 수십 년간 생사를 알 수 없었던 가족들이 마주한 풍경을 통해, 여전히 해소되지 않은 상처와 갈등, 그리고 분단이 남긴 정서적·정치적 장벽을 서사의 중심으로 끌어온다.

드라마적 긴장 대신에 '내면의 전쟁'을 정밀하게 재현하려는 이러한 서사 전략은, 영화를 개인적 회고에 머무를 수 없게 한다. 여기서 전쟁의 기억은 정돈된 과거로 소환될 수 없다. 그

것은 마치 묻어 두었던 것이 되살아나듯, 각 인물의 회상과 침묵 속에서 조금씩 엇갈린 형태로 출몰한다. 이 과정에서 목격되는 진실은 고통이 결코 과거형이 아닌, 현재형으로 지속되고 있다는 점이다. 그 고통은 너무 커서 말로 온전히 옮겨질 수 없지만, 침묵 속에 묻어 둘 수도 없다. 영화가 포착하고자 하는 것은 바로 그 '말할 수 없음'의 자리, 그러나 말하지 않을 수 없는 압력이다.

3장
상실의 기표로서의 고향

"얼굴도 이름도 모르는 부모를 찾는다는 청년이
테레비에 비치기에 … 기억하고 계시지요?
그때 제가 임신했던 일."

그 이름,
'길소뜸'

영화의 제목 '길소뜸'은 주인공이 자란 고향 마을의 이름이
지만, 정작 현실의 지도 위에는 존재하지 않는 지명이다. 극 중
대부분의 장소가 실제 지명을 사용하는 것과 달리, 황해도 연
산 인근의 '길소뜸'은 행정구역상 실존하지 않는 이름이다. 이
명칭은 1984년 영화진흥공사의 영화 소재 공모전의 당선작 제
목을 차용한 것이다. 다만 크레디트에 해당 당선자의 이름이
올라 있지 않은 점으로 미루어 볼 때, 지명을 제외한 구체적인
서사나 인물 설정은 임권택 감독이나 각본가 송길한이 새롭게
구성했을 가능성이 높다.

군이 이 제목을 가져온 이유는 짐작건대 그 말이 지닌 언어
적 울림 때문일 것이다. 무엇보다 낯설지가 않다. 리듬과 어감
속에 한국어 고유의 정서가 배어 있으며, 우리말 지명의 전통
적 형성 방식 또한 충실히 따르고 있다. 한국의 지명은 구체적
인 자연 지형과 마을 단위를 결합해 만들어진다. '솔마루'나 '개
울골'처럼 풍경과 거주 공간을 하나의 어감으로 엮어 내는 식
이다. 가령 충청도 공주의 '큰뜸'이나 경상도 창녕의 '안뜸'에서
보듯, '뜸'은 여러 지역에서 마을을 뜻하는 접미사로 쓰여 왔다.
'길소뜸' 역시 이러한 전통적인 조어법을 따른 이름이다. 토착

적인 언어 감각에 기초한 이 가공의 지명은, 실재하지 않음에도 불구하고 관객으로 하여금 그곳을 마치 잃어버린 고향처럼 느끼게 하는 정서적 밀착력을 발휘한다.

이 말의 정서적 울림은 어원적·음운적 층위에서부터 형성된다. 우선 '소'는 작은 마을을 가리키는 옛 표현으로, 소박하면서도 서정적인 여운을 남긴다. '뜸'은 마을이나 집이 드문드문 모여 있는 곳, 혹은 들판의 빈터를 뜻한다.[7] '길', '소', '뜸', 이 세 음절이 만나면, 마을 어귀나 들판의 어느 모퉁이 같은 풍경이 자연스레 떠오른다. 그 풍경에는 고요함과 쓸쓸함, 그리고 오래된 그리움의 정서가 배어 있다. 더구나 '길'은 도로라는 물리적 의미를 넘어, 삶의 여정과 운명의 행로를 암시하는 중층적 기호로 작동한다. '길소뜸'은 단순한 지명이 아니라, 서정적 이미지와 시간의 감각을 동시에 불러내는 언어적 구성물이라 할 수 있다.

더 나아가 '길소뜸'이라는 이름은 상실의 정서를 환기한다. 그것은 구체적 장소라기보다 기억 속에서만 지속되는 공간, 곧 부재의 기표에 가깝다. 본래 고향은 존재의 근원이자 정체성의 뿌리이지만, 한국 근현대사의 격랑 속에서 파괴되거나 떠나야 했던 장소이기도 하다. '길소뜸'은 바로 그 잃어버린 고향의 흔적을 불러내는 언어적 장소이며, 동시에 더 이상 귀환할 수 없는 공간을 상기시킨다. 이 이름의 어감 자체에 실향의 아픔과 분단의 트라우마가 배어 있기에, '길소뜸'은 영화의 제목을 넘어 영원히 돌아갈 수 없는 장소를 향한 집단적 그리움을 응축해 낸 상징적 장치로 작동한다.

첫사랑
: 순수와 낙원

가스통 바슐라르Gaston Bachelard의 사유를 빌리자면,[8] 고향은 기억을 봉인한 감정의 서랍과 같다. 그 서랍을 여는 순간, 삶의 가장 근원적인 정서들이 모습을 드러낸다. 화영에게 고향의 기억은 잃어버린 것을 현재로 되살린다. 전쟁통에 헤어진 아들을 찾아 서울로 향하는 차 안에서 그녀는 길소뜸을 떠올린다. 해방 직후 아버지를 따라 길소뜸으로 귀향하던 날의 갯벌 풍경, 동진과의 운명적인 첫 만남, 역병으로 인한 가족의 죽음, 그리고 동진과 사랑을 나누던 순간들이 플래시백으로 펼쳐진다. 이 장면들을 떠올리는 화영의 얼굴에는 엷은 미소가 번진다. 이때 기억은 상실의 고통을 직접적으로 호출하기보다, 그 이전에 존재했던 순수와 평온의 시간, 곧 되돌아갈 수 없는 낙원의 이미지로 변주된다.

고향과 첫사랑의 기억을 교차시키는 이 장면에서 길소뜸은 화영의 내면에 각인된 정서적 지도로 제시된다. 이곳은 상실이 도래하기 이전의 순수 상태를 가리키는 시간적 좌표이자, 존재의 원형이 보존된 심리적 공간이다. 대중 서사가 고향을 다룰 때 유년의 기억과 첫사랑을 습관처럼 불러들이는 이유도 여기에 있다. 정체성과 감수성이 형성되는 10대의 경험은 세계와 타자, 그리고 사랑을 대면하는 최초의 사건이자, 이후의 삶을 관통하는 정서적 원형이 된다. 고향, 10대, 첫사랑이 하나의 기억회로로 엮일 때, 관객은 단순한 회상을 넘어서는 깊은 공명에 접속하게 된다.

고향과 첫사랑은 모두 상실의 대상이지만, 그 결핍이 작동하는 차원은 다르다. 고향이 물리적으로 돌아갈 수 없는 장소라면, 첫사랑은 온전히 소유할 수 없는 욕망의 대상이다. 10대는 이러한 두 결핍이 가장 선명한 형태로 각인되는 시기이며, 이때의 결핍은 이후의 삶에서 반복적으로 호출되는 상실의 원형으로 남는다. 〈길소뜸〉은 이러한 개인적 상실의 경험을 집단적 기억의 층위로 확장한다. 전쟁이 초래한 파괴는 물리적 상흔에 머물지 않고, 존재를 지탱하던 정서적 토대와 심리적 소속감을 동시에 무너뜨린 체험으로 자리한다.

고향, 10대, 첫사랑이 얽혀 형성되는 감정 구조는, 그것이 어떤 미학적 장치로 재현되느냐에 따라 전혀 다른 정서의 결을 만들어 낸다. 과도기적 시기인 10대의 경험은, 재현의 방식에

처음 길소뜸에 도착한 화영 가족이 바라본 마을의 전경.

화영과 동진이 사랑에 대한 시를 읊으며 하교하는 길, 염전의 풍경.

따라 향수 어린 낙원의 정조로 제시되기도 하고 본능과 결핍의 감각으로 변주될 수도 있다. 예컨대 풋풋한 성장영화라면 첫사랑은 수줍고 미숙한 감정으로 그려지며, 고향을 아련한 기억의 공간으로 남겨 둔다. 한편 생존의 서사가 지배하는 드라마라면 양상이 달라진다. 이때 고향은 삶을 위협하는 위태로운 환경으로 돌변하며, 사랑은 불안정한 현실 속에서 서로의 존재를 확인하려는 신체적이고 원초적인 결합으로 형상화된다.

〈길소뜸〉이 선택한 방식은 전쟁 이전의 고향과 첫사랑을 순수한 낙원의 이미지로 재현하는 것이다. 이는 상실된 시간의 아름다움을 구축함으로써, 이후 도래할 냉혹한 현실과의 대비를 극대화하려는 전략적 포석이다. 이러한 의도는 10대의 화영과 동진이 헛간에서 사랑을 나누는 장면에서 결정적으로 드러난다. 사랑을 나눈 뒤 두 사람이 벗은 몸으로 나란히 먼 곳을 응시하는 순간은, 인간이 세계와 처음 대면하던 때의 어떤 시원적(始原的) 평온의 감각을 떠올리게 한다. 낙원의 이미지를 환기하는 듯한 이러한 장면 연출은, 곧 들이닥칠 전쟁의 폭력을 더욱 날카롭게 부각하기 위한 미학적 장치가 된다. 임권택은 이 장면을 통해 전쟁의 파괴를 역사적 사건이나 집단적 비극으로 추상화하지 않고, 그것을 개별 존재의 내면에 새겨진 실존적 체험으로 제시한다.

더구나 10대는 세상과 접속하며 자신을 만들어 가는 생애

사적 분기점이다. 이 결정적인 시기에 발발한 전쟁은 미래의 가능성을 박탈하는 폭력이다. 여기에 첫사랑이 더해지면 이 박탈의 의미는 더욱 선명해진다. 첫사랑은 전쟁의 어둠과 대비되는 가장 순수하고 무구한 정서의 발현이기 때문이다. 결실을 맺기 전 중단된 10대의 사랑은, 전쟁이 인간의 생명만이 아니라 감정의 가능성 자체를 파괴한다는 사실을 관객이 체감하게 만든다. 여기서 의미 있는 것은, 옛사랑의 아련함이 아니라 국가적 폭력과 역사적 단절이 남긴 상흔의 심리적 풍경을 정면으로 마주한다는 점이다.

〈길소뜸〉의 고향은 피에르 노라Pierre Nora가 말한 '기억의 장소lieux de mémoire'로 기능한다. 이는 단순한 지리적 공간이 아니라 공동체가 역사적 사건과 정체성을 기입하는 상징적인 영토를 가리킨다.[9] 영화는 이 장소가 한 개인의 내면에서 어떻게 육화(肉化)되는지를 추적하며, 사적인 감정이 거대사의 층위로 전이되는 과정을 응축해 낸다.

요컨대 고향은 잃어버린 집이고, 10대는 상처 입은 미래이며, 첫사랑은 좌절된 희망이다. 〈길소뜸〉은 이 세 요소를 맞물리게 하여, "잃어버린 세대"라는 비극적 형상으로 전쟁을 의미화한다. 이 3중의 구조는 개인의 상실을 역사적 서사로 확장한다. 이러한 구성은 개인의 외상을 서사적 형식으로 매개하여 공동체의 정체성을 재구성하는 '문화기억'의 논리와 맞닿아 있다.* 같은 맥락에서 '길소뜸'이 호출하는 청춘의 파괴와 상실은 개인적 트라우마를 넘어 집단적 신화로 전환된다. 역사적 상흔이 재구성되어 단단한 상징적 질서로 굳어 가는 과정, 즉 기억의 신화학이 한 시대의 얼굴을 조형해 가는 그 틈새에서, 〈길소뜸〉은 신화가 미처 봉합하지 못한 실존의 서늘한 이면을 응시하는 영화이다.

상실의 정념과
죄책감

〈길소뜸〉은 전쟁과 분단이 남긴 상처를 비극 서사로 소비하지 않는다. 오히려 재회 이후의 불편함과 낯섦, 감정의 이질감을 응시함으로써 상처가 하나의 감정적 서사로 환원될 수 없음을 드러낸다. 이 영화에서 상실은 카타르시스로 정화되거나 해소될 수 있는 성질의 것이 아니다. 그것은 삶의 관계 속에서 끊임없이 되돌아오는 정념이며, 그 정념의 기저에는 끝내 설명되지 않는 죄책감이 자리하고 있다.

---

* 알라이다 아스만Aleida Assmann은 문화기억이 개인적 상실의 경험을 공동체적 기억으로 전환시키는 매개 구조를 가진다고 설명한다. 알라이다 아스만, 변학수 · 채연숙 옮김, 《기억의 공간: 문화적 기억의 형식과 변천》, 그린비, 2011.

30여 년이 지난 후 이루어지는 재회는 되돌릴 수 없는 시간의 간극을 노출시킨다. 다시 만난 화영과 동진 사이에는, 과거의 애틋함을 무색하게 할 만큼 거리감이 존재한다. 가령 화영은 호텔에 묵을 계획이면서도 동진에게는 남편의 친척 집에서 잘 것이라고 거짓말을 한다. 이 사소한 거짓말은 현재의 안온한 삶을 보호하려는 방어기제이자, 기억과 실재하는 현실 사이에 놓인 메울 수 없는 균열을 드러낸다.

　　동진의 경우는 여전히 사랑의 감정을 간직한 듯 보이기도 한다. 그러나 그 또한 감정의 충동에 휩쓸리지 않는다. 그는 이미 장성한 자식과 아내가 있는 현실의 무게를 명확히 인지하고 있기에 자신의 감정을 고통스럽게 억제한다. 그의 절제된 태도에는, 현재의 삶을 지켜 내야 한다는 책임감과 가족에 대한 미안함이 자리하고 있다.

　　이처럼 영화는 낭만적 재결합의 환상을 거부하고, 어색한 몸짓과 침묵을 통해 잃어버린 시간과 현재의 제약이 충돌하는 지점을 섬세하게 시각화한다. 초반부의 첫사랑이 '충만의 이미지'였다면, 후반부의 현실은 그 충만이 결코 회복될 수 없는 '상실 이후의 표면'이다. 카메라는 서로를 낯설게 응시하는 공백에 주목하며, 관객을 공감의 안락함이 아닌 불편한 긴장의 자리로 밀어 넣는다. 감정의 과잉을 거절하는 이러한 연출은 전쟁의 상처가 멜로드라마의 언어로는 결코 치유될 수 없다는 임권택의 정직한 미학적 응답이다.

이런 맥락에서 임권택이 "자신의 마음을 움직인 단 한 편의 영화"로 페데리코 펠리니Federico Fellini의 〈길La Strada〉(1954)을 꼽은 사실[10]은 의미심장하다. 뜨내기 곡예사 잠파노와 그에게 팔려 온 연약한 고아 소녀 젤소미나의 정처 없는 떠돌이 삶을 그린 〈길〉은, 전쟁을 직접 재현하지 않으면서도 전후 사회의 정서와 깊이 맞물리며 국제적으로 폭넓은 반향을 불러일으켰고, 한국에서는 특히 깊은 정서적 공명을 이끌어 냈다.

〈길〉의 서사를 관통하는 핵심 정념은 상실이다. 그 상실은 가난과 고립, 폭력 속에서 파괴된 공동체의 삶과 결부되어 있다. 젤소미나와 잠파노, 두 인물의 관계는 끝내 서로를 구원하지 못한 채 비극으로 귀결되며, 이들의 유랑은 전후 사회의 해체와 인간관계의 균열을 은유한다. 특히 영화의 마지막에서 젤소미나를 잃은 잠파노가 해변에서 무너져 내리는 장면은, 삶 전체를 잠식하는 근원적 죄책감의 형상화다. 이 죄책감은 슬픔이나 연민을 넘어, 되돌릴 수 없는 시간 앞에 선 자가 오랫동안 짊어져야 할 윤리적 정념으로 자리한다.

〈길〉이 전후 이탈리아의 상처를 개인의 내면에 각인된 정념으로 옮겨 놓았듯, 〈길소뜸〉 역시 한국전쟁과 분단의 경험을 화해의 서사가 아닌 상실과 회한(悔恨)의 감정으로 재현한다. 이는 두 영화가 상실을 과거의 사건에 가두지 않고 현재를 지

전후 이탈리아의 황폐함을 스크린에 담아낸 영화 〈길〉(페데리코 펠리니, 1954)의 마지막 장면에서 젤소미나를 잃은 잠파노는 해변에 엎드려 오열한다(아래).

속적으로 규정하는 '잔여 상태'이자 고통스러운 생존의 조건으로 사유함을 의미한다. 다시 만나더라도 고통의 시간은 지속될 수밖에 없다는 이 서늘한 통찰은, 〈길소뜸〉을 역사적 비극의 재현을 넘어 보편적 인간의 상실과 책임을 묻는 서사로 위치시킨다. 상실을 섣불리 봉합하지 않고 현재진행형으로 남겨 두는 이 영화의 선택은, 과거의 기억을 현재의 윤리로 전환하는 미학적 결단이라 할 수 있다.

4장

장소들:
"지겨워서요, 이놈의 땅이"

"뭘 그렇게 골똘히 쳐다보고 계시오.
 수평선뿐인데."
"지겨워서요, 이놈의 땅이."

〈길소뜸〉에는 실제 지명이 여럿 등장한다. 얼핏 보면 단순한 배경처럼 보이지만, 이 장소들은 인물의 내면과 긴밀하게 맞물린 은유적인 지형을 형성한다. 인물들이 머물렀던 곳과 그 사이를 잇는 이동 경로는 각자의 기억이 기입된 흔적으로 남아, 기억 지도의 일부를 이룬다. 그들이 지나온 길은 단순한 이동 경로를 넘어서, 상실과 회한이 중첩된 정동의 궤적이다. 카메라는 이 흔적을 따라가며, 한때 삶이 머물렀던 공간이 어떻게 기억과 감정의 무대로 변모하는지를 포착한다.

이 영화에서 장소는 기억을 호출하는 매개이다. 인물이 거쳐 온 공간은 감각을 통해 기억을 불러내는 계기이자, 기억이 물질화되는 지점이다. 따라서 인물의 이동 경로를 되짚는 일은 단순한 공간 분석을 넘어, 기억의 지층을 탐사하고 정동의 흔적을 복원하는 작업이다.

이 장에서는 화영과 동진이 거쳐 간 지역을 따라가 본다. 그들의 여정에는 각기 다른 전쟁의 흔적이 새겨져 있다. 이때의 장소는 인물의 내면을 비추며 정체성과 관계를 구성하는 서사적 매개체이자 개인의 기억을 역사와 교차시키는 장치이다. 그렇기에 장소를 읽는 일은 곧 이산이 남긴 감정의 흔적과 기억의 구조를 해석하는 작업일 수밖에 없다.

황해도 연백군의
해안 마을

'길소뜸'은 동진이 유년기를 보낸 고향이자, 화영과 동진이 처음 관계를 맺은 장소이다. 영화는 이곳을 황해도 연백군의 해안 마을로 명시한다. 연백군은 서해 연안에 위치한 실제 지명으로, 38도선과 맞닿아 있는 접경지역이다. 해방 직후에는 남측 행정구역에 속했으나, 한국전쟁 발발 이후 전세가 바뀌면서 여러 차례 점령 세력이 교체되었다. 전쟁 초기 북한군의 점령, 인천상륙작전 이후 국군의 재탈환, 뒤이어 중공군의 참전과 1·4 후퇴를 거쳐 연백군은 다시 북측의 통제하에 들어갔다. 1953년 정전협정 이후에는 군사분계선 북쪽, 즉 북한 영토로 귀속되었으며, 그 과정에서 다수의 주민이 남하하여 전형적인 '월남민' 집단을 형성하게 된다.

요컨대 연백군은 한국전쟁이 만들어 낸 경계의 불안정성과 전환 가능성이 집약된 지역이다. 전쟁 전 38선 남쪽에 속했던 지역이 이후 북측으로 편입된 사례는 드물며, 이는 분단 이전 한반도의 공간 질서가 얼마나 유동적이었는지를 보여 준다. 또한 해안지대라는 지형적 특성으로 인해 피난과 탈출, 그리고 밀입북과 침투 작전의 거점이라는 양가적 의미를 띠게 되었다. 한 지역이 수차례 전선의 밀고 당김을 겪었다는 점에서, 연백군은 분단선이 고착화되기 이전 한반도가 겪은 격렬한 변동과 폭력성을 압축적으로 드러내는 공간이라 할 수 있다.

따라서 한국전쟁 서사에서 연백군은 단순한 지명을 넘어, '잃어버린 고향'과 '되돌릴 수 없는 경계'를 함께 상징하는 지리적 기호로 자리한다. 개방적인 해안선과 폐쇄적 정치 현실이 교차하는 이 공간은 이산과 상실의 정서를 불러내어 분단의 기억을 현재로 불러온다. 영화가 고향을 황해도 연백군으로 설정한 것은 이러한 경계의 복합성과 감정적 밀도를 확보하려는 서사적 선택으로 볼 수 있다.

엇갈림과 단절의 무대,
춘천

춘천은 연백군과 마찬가지로 이산과 전쟁의 기억이 복합적으로 각인된 공간이다. 동진의 이모 댁이 있는 이곳은, 임신한 화영이 만삭이 될 때까지 머무는 장소이자, 두 인물이 서로 엇갈리게 되는 지점으로 설정된다. 영화가 전쟁 발발 시점의 공간적 배경으로 춘천을 선택한 것이 우연일 수는 없다. 강원 내륙의 요충지이자 서울과 동해안을 잇는 관문이었던 이 지역은, 한국전쟁 발발 직후 국군 제6사단이 북한군의 남하를 하루

이상 저지한 격전지였다는 역사를 갖고 있다. 그 여파로 도시는 큰 피해를 입었고, 수많은 주민이 피난길에 올라야 했다. 영화 속 인물들의 뒤엉킨 동선은 이러한 역사적 경험을 반향시키며, 전쟁이 개인의 삶에 남긴 단절과 유랑의 감각을 은유적으로 환기한다.

서사적 관점에서 보더라도 춘천은 전쟁 초기의 혼란과 단절이 관계의 차원으로 전이되는 지점이다. 현실의 전투가 도시를 물리적으로 분절시켰다면, 영화는 그 균열 위에 인물들의 삶과 관계가 서로 다른 방향으로 흩어지는 과정을 병치한다. 만남을 예고하지만 그 만남이 끝내 성사되지 않는 공간, 닿으려 해도 간극만 깊어지는 엇갈림의 장소로 춘천이 자리한다고 할 수 있다.

무엇보다 춘천은 화영의 개인사에서 결정적인 의미를 지닌다. 그녀가 머물렀던 곳은 인성병원 일대로, 실제 존재하는 이 병원은* 영화 속 간판 촬영의 배경이 되기도 했다. 화영은 이 지역에서 홀로 갓난 아들 성운(석철의 본명)을 키우다, 이후 간첩 사건으로 투옥되면서 아들과 생이별하게 된다. 모성과 상실이 교차하는 장소이자, 화영의 삶에서 반복되는 '단절의 기점'

---

* 인성병원은 현재도 그 자리에 남아 있다. 춘천역에서 멀지 않은 이곳은 과거와 달리 대형화되고 현대화된 모습으로 변했다. 인성병원 홈페이지 https://www.insung.org/insung/introduction 참조.

영화 속에서 춘천은 만남과 단절이 교차하는 경계의 상징으로 형상화된다. (위에서 부터) 지천리 길목에 위치한 검문소와 춘천 인성병원, 석철이 사는 낚시터의 전경.

이 춘천이라 할 수 있다.

고아가 된 석철이 성장기를 보낸 곳 역시 춘천 인근이다. 그의 현재 거주지도 춘천 변두리인 사북면 지촌리로 설정되어 있으며, 화영이 DNA 검사 결과에 불복하고 아들을 외면하게 되는 장소 또한 이 도시에 위치한 성심병원이다. 그녀가 두 차례에 걸쳐 아들을 잃게 되는 공간이 모두 춘천으로 배치되어 있다는 사실은 이 도시가 부재와 단절의 감정이 새겨진 장소임을 시사한다.

영화 속 동진과 화영이 석철의 집으로 가는 길목에서 마주하는 검문소 장면은 실제 의암댐 위의 도로에서 촬영되었다. 1980년대 당시 서울과 춘천을 잇는 유일한 국도였던 이곳은, 영화 속에서 특정 장소로의 진입을 유예시키는 경계적 공간으로 제시된다. 이러한 설정은 춘천이라는 도시 자체가 인물들의 반복되는 어긋남과 미세한 단절의 정동을 축적해 온 공간임을 다시 한 번 환기한다.

〈길소뜸〉의 춘천은 전쟁의 혼란과 단절, 결정적인 어긋남을 구현하는 공간이다. 나아가 전쟁이 만들어 낸 물리적 분리와 심리적 차단이 교차하는 곳이자, 이별과 재회를 둘러싼 인물들의 복합적인 감정이 재현되는 정동적 무대라 할 수 있다. 춘천을 기억과 감정이 교차하는 장소로 구성함으로써 〈길소뜸〉은 공간이 서사를 조직하고 감각화하는 기제임을 분명히 한다.

재생과 유동의 장,
속초

춘천이 단절의 정동을 응축한 장소였다면, 속초는 상실 이후에 재생의 감각을 되찾는 곳이다. 두 번째 남자와의 관계가 끝난 뒤, 화영은 속초에서 다방 마담으로 일하며 생계를 이어 간다. "지겨워요, 이놈의 땅이"라는 대사는 그녀에게 속초가 버티기 힘든 피로와 상실의 장소임을 잘 보여 준다. 그녀의 시야에 펼쳐진 바다는, 떠날 수도 머물 수도 없는 자신의 처지를 드러내는 풍경이다. 연백군과 춘천에서 형성된 '경계의 이미지'가 다시 한 번 변주되는 공간이라 할 수 있다.

그런 한편 속초는 새로운 만남과 관계가 시작되는 장소이기도 하다. 이곳에서 화영은 삶의 또 다른 전환점을 맞이한다. 지친 얼굴로 바닷가에 앉아 있던 화영에게 다방 손님인 한 남자가 말을 건넨다. 짧은 대화로 시작된 두 사람의 관계는 상처를 공유하게 되면서 깊어져 마침내 결혼으로 이어진다. 바다를 배경으로 한 만남은 화영에게 다른 삶의 가능성을 열어 주고, 속초를 상실과 재생이 교차하는 역설적인 공간으로 만든다.

역사적 층위에서도 속초는 화영의 삶과 닮아 있다. 이곳은 동해안의 대표적인 '유동적 경계도시'로, 전쟁 이후에 피난민과 이주민이 몰려들며 급속히 변모한 도시다. 정착과 이동이 끊임없이 교차하던 그 공간은, 전후 사회의 불안정한 생존 감각을 집약한다. 그곳에서 다방 마담으로 생계를 이어 가는 화영의 고단한 일상은, 전후 이주민들이 공유하는 이동과 정착의 집단적 기억과 맞닿아 있다.

속초의 지형 또한 이러한 상징성을 구체화한다. 동해의 해안선과 설악산의 산세가 공존하는 이곳은, 바다와 산이라는 상반된 요소가 한 화면 안에 함께하는 이중적 지형을 이룬다. 개방과 폐쇄, 유랑과 정착이 교차하는 이 지형적 성격은, 머물면서도 뿌리내리지 못한 화영의 비애를 비추는 동시에 인물의 내면적 긴장을 감각적으로 시각화한다.

망각 위의 번영,
부산

화영이 현재 거주하는 지역은 부산이다. 그녀가 새 가정을 꾸린 곳이 서울에서 멀리 떨어져 있다는 사실은 영화 속 대사를 통해 반복적으로 언급된다. 그러나 정작 스크린에는 부산의 외경이 모습을 드러내지 않는다. 화영과 남편 모두 부산 출신이 아니기에 가족 누구도 사투리를 쓰지 않는다는 점이 그리 이상할 것 없지만, 항구나 바닷가처럼 부산을 특정할 수 있는 구체적 정경이나 표지가 단 한 차례도 제시되지 않는다는 사실은 흥미롭다. 더욱이 풍경 재현에 각별한 공을 들이는 영화임을 고려하면, 이 같은 부산의 비가시성은 더욱 의미심장하게 다가온다.

카메라는 일관되게 가정 내부에만 머무는데, 이 사적 공간의 재현에서 두드러지는 것은 정돈되고 쾌적한 생활의 감각이다. 여유로운 거실과 길고 넓은 복도, 세련된 침실은 삶의 풍족함을 느끼게 하며, 남편과 세 아이와 함께하는 일상은 안정되고 평온해 보인다. 1980년대 평균을 웃도는 그녀의 집은 전후 한국 사회의 번영을 투영한 듯한 모습이다.

화영의 집은 단순한 부유함의 지표를 넘어, 그녀의 현재가 유랑과 결핍을 지나 사회적 정착의 단계에 도달했음을 말해 준다. 화영이 동진에게 건네는 명함으로 짐작할 수 있듯, 그녀의 남편은 수산업을 기반으로 성공한 사업가일 것이다. 이러한 설정은 개인의 성취를 넘어 당대 산업구조의 변화와 긴밀히 맞물린다. 특히 1960~80년대 부산이 수산업을 축으로 신흥 부유층을 배출한 도시였다는 점을 상기하면, 화영의 집은 이러한 산업 발전이 개인의 생활양식과 주거 형태로 구체화된 결과라 할 수 있다. 이로써 영화 속 부산은 불안정했던 과거를 덮어 둔 채 정착과 축적이 실현된 번영의 상징으로 자리한다.

화영이 누리는 현재의 풍요는 부산이 거쳐 온 역사적 궤적과 긴밀히 맞물려 있다. 본래 부산은 전쟁 시기부터 다른 지역과 구별되는 특수한 지위를 점해 왔다. 낙동강 방어선이 마지막 보루가 되었을 때, 이곳은 임시 수도이자 수많은 피난민의 생존을 위한 거점이었다. 점령과 후퇴가 반복되며 일상이 붕괴된 내륙 도시들과는 다르게, 부산은 정치·경제·문화의 기능이 집중된 상대적으로 안전한 지대였다. 사람들은 이곳을 생존 이후의 삶, 곧 재기가 가능한 장소로 인식하게 되었고, 그 기억은 훗날 도시의 성장 서사와 결합하며 발전의 신화로 재구성된다. 전쟁의 상처를 감춘 자리 위에 세워진 부산은 한국 현대사의 역동성을 압축적으로 체현하는 공간이라 할 수 있다. 그리고 이 도시의 이면에는 청년 임권택이 마주했던, 생존의 위협이 상존하던 '피난지 부산'의 기억이 깊게 각인되어 있다. 그에게 부산은 재기의 기회이기 이전에 삶의 밑바닥을 견뎌 내야 했던 고난의 현장이었으며, 이러한 개인적 체험은 영화가 포착하는 번영의 풍경 뒤에 생생한 긴장감을 불어넣는다.

주목할 부분은, 부산의 바다가 다른 지역의 바다와는 전혀 다른 의미작용을 한다는 사실이다. 연백군이나 속초에서 바다는 상실과 이별을 환기하는 단절의 공간이지만, 부산의 바다는 수산업과 항만을 토대로 부와 안정을 산출하는 번영의 원천이다. 화영의 여유로운 생활공간은 이러한 도시의 성격을 은유적으로 드러내며, 바다가 더 이상 상실의 기호가 아니라 성장의 기반이 되었음을 가시화한다. 이러한 공간적 성격에 힘입어 부산은 전쟁과 이산의 기억이 각인된 〈길소뜸〉 속 다른 장소들과 뚜렷하게 결을 달리하며, 전후 생존이 번영으로 전환된 해양도시의 표상으로 자리한다.

다만 간과하지 말아야 할 것은, 화영이 부산에서 누리는 안정이 과거의 상처가 치유된 결과가 아니라는 사실이다. 그것은 상처를 덮어 두거나 회피한 대가로 얻어진 위태로운 평온에 가깝다. 부산의 전후 성장은 전쟁의 기억을 정면으로 응시하기보다, 국가 재건과 경제 도약이라는 구호하에 삶의 외양을 재구성하는 방식으로 진행되었다. 이 과정에서 일상의 안정은 확보되었지만, 이산과 상실의 고통은 사회적 발화의 기회를 얻지 못한 채 내면화되거나 억눌렸다. 결국 부산의 풍경은, 치유되지 않은 기억을 번영의 외피로 덮으며 달려온 한국 근대사의 궤적을 내포한다. 발전의 서사 아래 억눌린 기억의 그림자가 공존하는 곳, 안착과 망각이 동시에 존재하는 이중적 공간이 부산이라 할 수 있다.

기억의 전시장,
서울

〈길소뜸〉에서 서울은 이산가족의 공식적인 재회 장소이자, 전쟁 이후 서로 다른 삶을 살아온 이들이 다시 마주하는 무대이다. 1980년대 초반 서울은 경제성장의 중심이자 국가 이미지를 연출하는 전시 공간으로 기능했다. 특히 1983년의 KBS '이산가족 찾기' 생방송은 여의도를 비롯한 서울의 특정 장소를 전쟁과 분단의 기억이 집약된 상징적인 무대로 만들었다. 국가와 미디어가 이산의 비극을 집단적 퍼포먼스로 재구성하고 사적인 가족 서사를 공적인 전유물로 치환한 무대가 곧 서울이었다. 〈길소뜸〉은 이러한 서울을 국가가 연출한 기억과 개인의 서사가 맞닥뜨리는 장으로 재구성한다. 화영과 동진이 KBS 광장에서 재회하는 장면은, 바로 이러한 충돌의 현장에 해당한다.

화영과 동진은 여의도 KBS 광장 앞에서 우연히 재회한 뒤, 시청 앞 프라자호텔 커피숍과 인근 포장마차로 자리를 옮겨 지난 시간을 회상한다. 대규모 국가 행사가 열리는 공간에서 출발해 사적인 대화가 가능한 일상의 장소로 이동하는 이 동선은, 공적 서사에서 사적 기억의 영역으로 이행하는 과정을 공간적으로 가시화한다. 이러한 구성은 서울을 제도화된 기억의

KBS 여의도홀 앞에서 만난 화영과 동진은 서울 시내가 내려다보이는 호텔 카페
와 포장마차에서 과거의 경험을 공유한다.

장과 개인적 회상이 교차하고, 공적 행사와 사적 재회가 맞물리는 기억의 공간으로 부각시킨다.

사적인 대화를 나누는 곳이 상반된 두 공간으로 구성된다는 점 또한 주목할 만하다. 프라자호텔은 세련되고 정제된 대화를 가능하게 하는 공간으로, 전후 번영과 현재 서울의 풍요를 압축적으로 드러낸다. 반면 포장마차는 비공식적이고 서민적인 분위기 속에서 과거의 고난과 일상의 흔적을 자연스럽게 불러낸다. 서로 다른 공간을 오가며 대화를 이어 가는 화영과 동진의 모습은, 과거와 현재, 공적인 재회와 사적인 만남 사이를 끊임없이 가로지르는 관계의 구조를 시각화한다. 이 과정을 통해 서울은 '기억의 무대'를 넘어, 감정과 서사가 교직되는 정동적 공간으로 확장된다.

요컨대 서울은 기억의 구조가 드러나는 장소이자, 국가의 서사와 개인의 기억이 얽히는 결절점이고 전시장이다. 이산가족의 만남은 더 이상 사적인 사건에 머물지 않는다. 카메라와 마이크가 설치된 공적인 무대 위로 호출되어, 국가와 사회가 지켜보는 하나의 집단적 퍼포먼스로 연출될 뿐이다. 이 과정에서 재회의 현장은 단순한 상봉 장소를 넘어, 그 만남이 어떠한 공적인 장면으로 기억될 것인가를 결정하는 기획된 매개로 작동한다.

바로 그렇기에 서울은 단순한 배경일 수 없다. 이곳은 전쟁과 분단, 이산과 재회의 기억이 다시 재편되는 무대이자, 국가적 호명과 개인적 기억이 경합하는 지점이다. 〈길소뜸〉은 국가가 연출한 정동의 전시장과 개인의 진실이 길항하는 현장으로 서울을 조명한다. 이는, 전쟁 기억이 단일한 서사로 고착되는 것을 거부하는 것이자, 그 이면에 은폐된 외상의 복합적 면모를 가시화하는 미학적 실천이다

5장
기억의 정동지리

"밀고 밀리는 전선의 이동으로 인해서 빚어진
참담한 보복의 악순환이었소."

〈길소뜸〉은 장소를 매개로 지속되고 호출되는 기억의 메커니즘*을 섬세하게 파고드는 영화이다. 인물들이 통과해 온 공간의 지형과 그 이면에 흐르는 정동적 조응을 통해 기억의 작동 방식을 구체화한다. 전쟁과 이산의 경험은 언제나 '어디에서 왔나'와 '어디로 가는가'라는 공간적 질문을 동반하기 마련이다. 〈길소뜸〉에서 개별 장소의 의미만큼이나 중요한 것은, 그 장소들이 지형적 속성에 따라 배치되는 방식이다. 각 공간은 인물의 감각과 정서를 매개로 한 하나의 '정동적 지도'를 형성한다.

나아가 영화 속 공간은 '내면의 풍경'과 '역사의 흔적'이 중첩된 장으로 제시된다. 이곳에서 개인적 기억은 집단적 역사와 교차하며, 관객은 공간을 매개로 기억이 재구성되고 정동이 조직되는 과정을 감각적으로 체험한다. 이처럼 〈길소뜸〉 속 장소는 이산의 기억과 정서를 각인하고 현재화하는 서사의 중심축으로 기능한다. 이 영화의 공간이 단순한 물리적 배경이나 무대일 수 없는 이유이다. 이제 필요한 것은 이러한 공간 지형을 추적하여 그것을 시대적 상흔이 새겨진 하나의 '정동지리'로 구체화하는 일이다.

---

* 알라이다 아스만은 기억이 단순히 개인의 심리적 차원에 머무르지 않고, 텍스트, 이미지, 장소와 같은 문화적 매체 속에서 구성되고 지속됨을 강조한다. 알라이다 아스만, 앞의 책.

갯벌,
흔적과 망각의 자리

〈길소뜸〉의 오프닝 크레디트를 여는 것은 갯벌의 이미지이다. 수평선 너머로 바다가 길게 뻗어 있고, 바다와 맞닿은 갯벌 위에는 붉은 기운이 드리워져 있다. 그 위에 정체를 알 수 없는 나무 말뚝들이 버려진 잔해마냥 흩어져 있는 것이 보인다. 카메라는 이 풍경 앞에서 움직임을 멈추고, 관객을 정지된 시간 속에 머물게 한다.

이 장면은 단순한 자연 풍경의 제시를 넘어, 전쟁과 이산의 기억을 응축하는 상징적 장치로 기능한다. 썰물이 빠져나간 자리에 남은 물기는 끊어진 관계의 흔적이며, 밀물과 썰물이 반복되는 지형은 잊으려 해도 끊임없이 회귀하는 기억을 시각화한다. 단절이면서 동시에 회귀인 이 역설적 공간은, 장소의 물성과 결합하여 앞으로 펼쳐진 서사의 전조가 된다.

임권택 영화에서 갯벌은 자주 등장하는 경계의 장소다. 전작인 〈만다라〉(1981)에서도 법운(안성기)의 고향을 갯벌과 인접한 공간으로 제시하고 있는데, 육지와 바다 사이에 놓인 이 지형은 삶과 죽음, 속세와 해탈이 교차하는 문턱을 형상화한다. 〈길소뜸〉의 오프닝 역시 이러한 공간미학의 연장선 위에서 출발한다.

두 세계 사이에 놓인 갯벌의 형상은 남과 북 사이에서 길을 잃은 이산가족의 정체성과 자연스럽게 겹쳐진다. 어느 한 쪽에 온전히 귀속될 수 없는 이 경계의 공간은, 호미 바바Homi K. Bhabha가 말한 '제3의 공간',* 즉 아직 어느 쪽도 아닌 미결의 자리와 공명한다. 이산이라는 역사적 현실 위에서 이 개념은 한 층 구체적인 실감을 얻으며, 정체성이 고정되기 이전의 불안정한 상태를 형상화한다. 이 풍경 앞에 정지해 있는 카메라는 그 경계의 긴장과 단절을 관객이 시각적으로 체험하도록 만든다.

한편 갯벌은 흔적의 장소이기도 하다. 누군가 지나가면 발자국이 남지만 곧 밀물에 의해 지워지듯, 전쟁의 기억 역시 쉽게 잊혀질 수 있는 것처럼 보인다. 하지만 갯벌 위에 박힌 말뚝과 버려진 조각배는 묶여 버린 삶과 회복되지 못한 상처의 잔여처럼 놓여 있다. 그것은 흔적을 소거한 듯해도 완전히 지워지지 않는 것들이 있음을 말해 준다. 전쟁의 기억이 사회적 차원에서는 망각되기 쉬운 반면, 개인에게는 지워지지 않는 상흔으로 남는 것과 마찬가지이다.

갯벌은 순환의 공간이다. 밀물과 썰물이 반복되듯, 기억과 망각 또한 끊임없이 교차한다. 그러나 이 순환은 결코 귀환을

* 호미 바바가 말한 '제3의 공간third space'은 서로 다른 문화나 정체성이 충돌하거나 교차할 때, 기존의 질서에 환원되지 않는 새로운 의미와 관계가 생성되는 틈새를 가리킨다. 기존의 이분법적 경계─예컨대 중심/주변, 전통/근대, 식민자/피식민자─를 넘나드는 혼종성과 새로운 의미 생성이 가능한 공간이라 할 수 있다. 호미 바바, 박홍규 옮김, 《문화의 위치》, 현암사, 2000 참조.

보장하지 않는다. 바다와 갯벌의 맞물림, 한쪽은 붉고 한쪽은 검은 갯벌의 불균질한 색채, 그리고 쓸모를 잃은 말뚝의 존재는 귀향을 갈망하면서도 끝내 돌아갈 수 없는 이산의 현실을 암시한다. 영화가 갯벌의 이미지로 문을 여는 까닭은, 이산의 역사와 개인의 체험이 흔적과 망각의 교차 속에 놓여 있음을 압축적으로 보여 주려 했기 때문일 것이다.

흐름과 경계의 장소, 수변

〈길소뜸〉에서 인물들의 기억에 등장하는 지역은 주로 물과 관련된 곳이다. 서울과 동천마을을 제외하면 주요 장소들이 호수, 강변, 바닷가와 면해 있는 수변공간이라는 공통점이 있다. 물의 비정형적 유동성은 정착하지 못한 채 부유(浮游)하는 삶과 변화를 향한 운동성을 동시에 함축한다. 이러한 물성은 고향 상실의 기억과 떠남·머묾의 경계를 감각적으로 매개하는 공간적 토대가 된다.

이를테면 화영이 거쳐 온 주요한 장소들은 모두 수변에 위치해 있다. 만주에서 돌아온 가족이 정착한 고향 연백군은 황해도의 해안 마을이고, 임신 중 머물렀던 춘천은 호반도시다.

화영이 지금의 남편과 만난 속초는 동해에 면한 항구도시이며, 현재 정착하여 살아가는 부산 역시 바다와 접한 도시다. 우연처럼 보이는 이 장소들의 연쇄는, 화영의 삶에서 이동과 정착, 상실과 재출발이 반복되어 온 과정을 하나의 서사적 궤적으로 엮어 낸다.

아들 석철도 마찬가지다. 그가 어린 시절을 보낸 춘천은 '호반의 도시'라는 별칭답게 호수와 강으로 둘러싸인 수리적 지형의 도시다. 현재 살고 있는 사북면 지촌리*는 춘천호 상류와 의암호 북단이 만나는 지점 인근으로, 사계절 내내 낚시객들이 모여드는 곳이기도 하다. 물은 고정된 형상을 거부하는 유동의 물질이다. 물과 맞닿아 있는 이 거처는, 어느 한 곳에 뿌리내리지 못하고 부유하는 석철의 삶을 투영하는 정동적 장소가 된다.

물은 만남과 이별, 그리고 재회의 순간을 가능하게 하지만, 동시에 단절과 거리를 드러낸다. 수역(水域)은 본래 경계 위에 놓인 공간이다. 강이 육지를 가르며 흐르듯, 물은 서로 다른 세계를 분리하는 동시에 그 사이를 이어 주는 통로가 된다. 마찬가지로 대륙을 갈라놓는 바다도 그 넓은 수면 위로 사람과 물자가 오가는 길이 열린다. 물은 닫힘과 열림, 분리와 연결, 동일성과 이질성이 공존하는 장소이다. 접근과 이동을 제한하면

---

* 석철이 사는 사북면 지촌리는 강과 호수가 어우러진 지형 덕분에 오늘날에는 겨울철 빙어 낚시터로 잘 알려져 있다.

서도 외부로 나갈 길을 여는 이 이중성 속에서, 관계는 충돌과 교류를 반복하며 재구성된다.

물가가 자아내는 정서적 울림 또한 안정과 불안을 동시에 품는다. 바다는 건널 수 없는 상실의 공간인 동시에 끝없이 열려 있는 동경의 대상이고, 호수는 겉으로는 평온해 보이지만 그 아래에 불가해한 심연을 숨기고 있다. 쉼 없이 흐르는 강은 되돌릴 수 없는 시간의 감각을 체현한다. 이러한 물의 복합적 정서는 재회를 갈망하면서도 상처의 완전한 봉합은 유예시키는 분단체제의 실존적 감각과 맞닿아 있다.

임권택의 필모그래피를 살펴보면, 물가에 대한 관심이 이 작품에만 국한되지 않음을 알 수 있다. 그는 일찍부터 물과 관련된 장소들을 서사의 주요 무대로 자주 호출해 왔다. 데뷔작인 〈두만강은 흐른다〉(1961)와 〈낙동강은 흐르는가〉(1976)에서는 강 이름을 전면에 내세웠고, 〈돌아온 왼손잡이〉(1968), 〈비나리는 선창가〉(1970) 같은 액션 멜로드라마의 배경은 항구도시였다. 〈옥례기〉(1977), 〈티켓〉(1986) 역시 동해안을 무대로 한 영화이다. 바다나 강에 대한 그의 애정은 유별나다 할 수 있는데, 그만큼 물의 공간이 그의 영화적 감수성을 형성해 온 중요한 요소로 보인다.

이렇듯 수변공간에 주목한 이유를 그가 자라온 지리적 환경으로 설명하기는 어렵다. 임권택의 고향인 전남 장성은 호남

평야 북서부의 끝자락에 위치한 전형적인 내륙 지역이기 때문이다. 그럼에도 그가 물의 공간에 천착하게 된 계기는 전쟁이 강요한 유랑의 기억에서 찾을 수 있다. 한국전쟁기에 좌익 가족이라는 이유로 집안이 고초를 겪게 되자, 그는 고등학교 졸업 직후 홀로 고향을 떠나 부산에 머물게 된다. 이 시기 부산에서 보낸 몇 년간의 시간은 그의 정서에 깊은 흔적을 남겼고, 이는 훗날 자신의 영화에서 수변을 정동적 공간으로 형상화하는 미학적 뿌리가 되었다.

임권택은 부산 시절을 "가장 지루하고 고통스러운 시기"로 회상한다. 그에게 부산은, "고통이자 정서가 깃든 10대의 향수가 … 묻어나는 장소"이다. 비록 머문 시간은 길지 않았지만 그 시절의 기억은 뿌리를 잃은 자로서의 감각을 그의 내면에 깊숙이 각인시켰다. 임권택의 영화 속 수변공간이 단순한 배경에 머물 수 없는 이유가 바로 여기에 있다. 그것은 상실과 유배의 기억이 투영된 내면의 풍경이자, 전쟁과 분단을 통과하며 형성된 정동이 켜켜이 쌓인 장소로 자리한다.

복합적인 감정이 공존하는 공간

친자확인을 위해 혈액 채취를 한 뒤 화영과 동진은 호숫가에 나란히 선다. 〈길소뜸〉 심의 대본(DCKD012867_01)과 당시 촬영 현장 스틸을 보면 원래 이 장면은 두 사람이 호반의 레스토랑에 마주 앉아 대화를 나누는 장면으로 촬영했으나, 이후 현재와 같이 변경되었다.

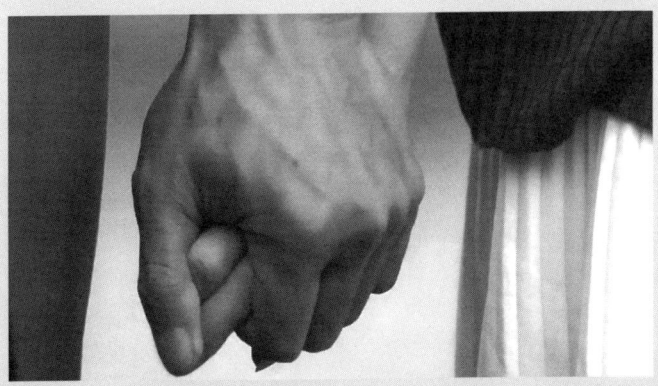

동진은 화영에게 다가가 손을 잡는다.

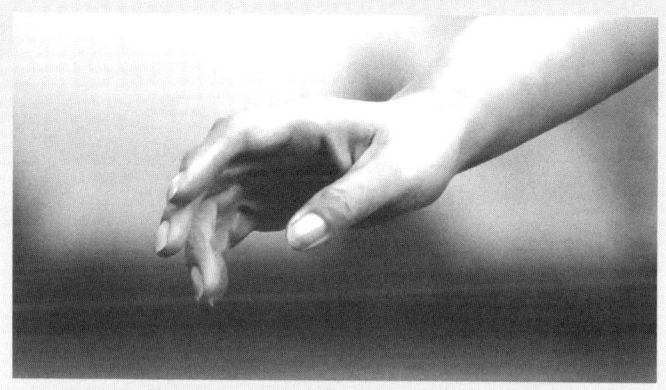

'사흘 후에 다시 만나자'는 약속을 남긴 채 동진은 손을 놓고 떠나가고, 화영은 그를 잡으려는 듯 손을 뻗지만

다시 손을 내리고 주먹을 꽉 쥔다.

산,
고립과 생존의 공간

인민군으로 징집되어 낙동강 전투에 투입됐던 동진이 부상을 입고 탈영하여 흘러든 곳은 가야산 깊은 골짜기의 동천마을이다. 학질과 허기로 탈진했던 동진은 마을 어른 장씨 덕분에 가까스로 목숨을 부지하게 된다. 전쟁의 포화에서 비켜난 이 고립된 공간에서, 그는 세상과 단절된 채 생존을 위한 최소한의 인간적 연대를 경험한다.

가야산 일대는 경상북도와 경상남도의 경계를 가로지르는 산악지대로, 한국전쟁 당시 전후방의 경계가 모호해진 완충지대였다. 전면적인 격전지는 아니었으나 간헐적인 교전이 이어지는 불안정한 격오지였으며, 한편으로는 외부의 진입을 막는 험준한 산세 덕분에 탈영병과 피난민들이 숨어드는 은신처가 되기도 했다. 전쟁의 포화와 통제가 미처 닿지 않는, 일종의 '틈새' 공간이었던 셈이다.

한편, 가야산은 해인사를 품은 불교문화의 심장부로서 총성과 불안이 뒤엉킨 전시 상황 속에서도 잠시 숨을 고를 수 있는 성역으로 기능했다. 해인사를 비롯한 사찰들은 피난민과 은신자들에게 단순한 물리적 은폐를 넘어, 파괴된 내면을 추스르는 치유의 장소가 되어 주었다. 동진이 장씨의 도움을 받아

생존을 이어 가는 과정은 이러한 산의 성격과 겹쳐지며, 고립 속에서도 삶을 지탱하는 힘이 어떻게 마련되는지를 보여 준다. 바다와 강이 이동과 경계를 은유한다면, 산은 다시 살아갈 수 있도록 품어 주는 또 다른 형태의 '안식처'로 제시된다.

수변 지역과 달리, 깊숙한 산악지대는 흐름이 멈춘 공간이다. 물가에서의 만남과 이별이 관계의 변화를 은유한다면, 산 속 은신은 정지된 시간 속에서 드러나는 생존의 본능을 환기한다. 가스통 바슐라르가 언급했듯,* 산이나 집과 같은 공간은 인간에게 근원적인 보호의 장소이다. 단절 속에서도 인간이 자신을 지키고 삶을 지속할 수 있도록 하는 이 공간은, 고통 속에서도 끝내 파괴되지 않는 '실존의 저점'이 현현된 곳이라 할 수 있다.

결국 산과 물은 서로의 결핍을 비추는 공간이다. 산이 외부 세계와의 단절 속에서 생존을 가능케 하는 장소라면, 물은 관계를 잇는 듯하면서도 완전한 화해를 유예하는 유동적 단절의 공간이다. 고립과 관계, 정지와 움직임 사이의 이 팽팽한 긴장은 전쟁 이후 삶의 불완전함을 감각적으로 형상화한다. 〈길소

---

* 가스통 바슐라르는 집, 방, 서랍, 모퉁이, 은신처와 같은 일상적 공간을 상징적·심리적 차원에서 탐구하며, 공간이 단순한 배경이 아니라 인간의 상상력과 내적 경험을 구성하는 근원적 장치임을 강조한다. 가스통 바슐라르, 곽광수 옮김, 《공간의 시학》, 동문선, 2023 참조.

뜸〉은 이 대조적인 공간 구성을 통해 개인의 기억과 집단의 상
처를 동시에 환기하며, 전쟁의 기억을 현재에도 여전히 살아
있는 경험으로 되살려 낸다.

5장 | 기억의 정동지리

6장
겹쳐진 시간

"나를 버린 어머니가
빨갱이보다 더 원망스러웠고 원수만 같았습니다.
그래서 나는 베트콩을 볼 때마다
어머니를 떠올리면서 쐈습니다."

〈길소뜸〉은 시간의 스펙트럼이 넓은 영화이다. 서사의 중심에는 한국전쟁이 놓여 있지만, 이 영화가 호출하는 기억은 그에 국한되지 않는다. 해방기부터 베트남전, 그리고 현재인 1980년대에 이르는 긴 시간이 함께 소환된다. 이 광범위한 시간의 층위는, 한국전쟁을 개별 사건에 가두지 않고 우리 근현대사를 가로지르며 지속되어 온 폭력과 단절의 연속선 위에 놓는다.

이를 단적으로 보여 주는 사례가 영화 초반에 삽입된 텔레비전 영상이다. 이산가족 찾기 프로그램을 통해 오빠들과 재회한 한 여성은 자신의 한국 이름을 기억하지 못한다. 혈육임을 확인하는 유일한 매개가 일본식 이름뿐이라는 사실은, 자신의 이름조차 상실한 채 오직 타자의 언어로만 존재를 입증해야 하는 이산의 비극을 가시화한다. 귀환 직후부터 한국전쟁기에 이르기까지, 그녀의 가족은 단지 일본에서 왔다는 이유로 '일본 사람'이라 불리며 쫓겨 다니고 동굴 속에 숨어 지내는 등 집단적인 배척과 수모를 견뎌야 했다. 이러한 공동의 시련에 더하여, 그녀는 외숙모의 가혹한 학대까지 홀로 감당해야 했던 사연을 전한다. 이 대목은 이산의 고통이 가장 가까운 곳에서의 반목과 폭력과도 맞닿아 있음을 보여 주는 것으로, 이념의 차이를 이유로 같은 국민끼리 서로를 핍박했던 시대의 상흔을 함께 떠올리게 한다. 나아가 영화는 해방기부터 시작된 이 여성의 수난사를 통해, 이산의 고통이 한국전쟁 이전부터 이미 깊이 뿌리내리고 있었음을 명시한다.

방송 영상이 끝난 뒤 이어지는 것은 화영 가족의 귀향 장면이다. 중국에서의 긴 유랑을 마치고 해방을 맞아 고향으로 돌아오는 이 신은 식민지 시기부터 누적되어 온 이주의 역사를 가시화하며, 영화가 특정 전쟁의 기억에 머무르지 않고 장대한 시간의 궤적을 펼치게 될 것임을 예고한다.

이러한 시간 구성의 의도는, 귀향 장면 뒤에 역병으로 가족이 모두 사망하고 집이 불태워지는 장면을 연이어 배치하는 것에서 잘 드러난다. 해방과 파괴를 이어 붙인 이러한 편집은 해방을 고난의 종결이 아니라 또 다른 고난의 시작으로 위치시키며, 폭력이 서로 다른 역사적 국면을 가로지르며 반복·전이되는 구조임을 드러낸다. 이렇듯 겹쳐진 시간 구조 속에서 한국전쟁은 총성이 멈춘 뒤에도 끝나지 않은 채 지금의 삶을 조직하는 현재형의 기억이 된다.

두 개의 전쟁:
한국전쟁과 베트남전

〈길소뜸〉에서 인상적인 대목은, 한국전쟁과 베트남전이 서사적으로 연결되는 순간이다. 직접적인 전장 재현 없이도, 짧고 응축된 대사를 통해 두 전쟁을 하나의 폭력적 연쇄로 읽어 낼 계기가 마련된다. 그 연결 고리를 제공하는 인물은 아들 석철이다. 그가 베트남전을 언급하는 것은 단 한 차례이지만, 그의 대사는 두 전쟁을 동일한 폭력의 구조로 인식하게 만든다.

무심히 툭툭 던지는 말들로 짚어 본 그의 삶의 이력은 이렇다. 한국전쟁으로 부모를 잃은 석철은 입양 가정과 거리의 부랑 집단, 미군부대와 고아원을 전전하며 성장한다. 청년이 되었을 때 그는 해병대에 입대해 베트남전에 파병되지만, 그것은 자발적인 의지라기보다, 생존을 위한 불가피한 선택에 가까웠다. 그는 베트남전에서 무공훈장을 받을 만큼 전과를 올리는데, 이러한 활약을 가능케 한 동력은 삶 전체에 누적된 분노이다. 처음에는 자신의 비참한 현실을 '빨갱이들 탓'으로 돌리며 베트콩을 무차별적으로 사살했으나, 돌연 그들을 어머니라고 생각하며 방아쇠를 당기기에 이른다. 전장에서 분출된 폭력성이 실상은 어머니에 대한 원망과 상실의 고통을 타자에게 투사한 결과임을 보여 주는 대목이다.

그런데 석철은 앞선 고백과는 다른 톤으로 말을 이어 간다. "그때는 참 좋았지요. 훈장 달고 특별휴가 얻어서 보상금 뒷주머니에 탁 실리고 사이공 시내에 나타나면, 계집들이 쉬파리 떼처럼 모여들었어요. 전쟁터에서 언제 죽을지도 모르는 목숨,

새끼라도 뿌려 놓자는 심정으로 닥치는 대로 갈아 댔더니, 코피가 다 터지대요." 이 대사는 앞선 고백과 매끄럽게 이어지지 않는 단절을 드러낸다.

석철의 대사에서 드러나는 불연속성은 그 자체로 전쟁이 남긴 내밀한 상흔의 증거다. 폭력과 쾌락, 죽음의 공포와 과시적 생존이 뒤엉킨 그의 말은, 전쟁의 기억이 하나의 일관된 이야기로 정리될 수 없음을 보여 준다. 그에게 전쟁은 죽음의 공포를 내면화하는 경험인 동시에, 살아 있음을 가학적 쾌락을 통해서만 확인하게 만드는 장이다. 뒤틀린 욕망과 감정의 찌꺼기를 그대로 노출하는 그의 말은, 전쟁이 개인의 내면에서 여전히 지속되고 있음을 드러내는 왜곡된 정동의 흔적이다.

이러한 발화의 비연속성을 이해하는 데 유용한 단서를 제공하는 것은 트라우마의 작동 방식에 대한 주디스 허먼Judith L. Herman의 논의이다. 그녀에 따르면 트라우마의 기억은 "언어적인 이야기체의 맥락이 결여되어 있고, 생생한 감각과 심상의 형태로만 입력"[11]되며 섬광처럼 파편적으로 돌출한다. 석철의 발화는 서사로 정리되지 못한 기억이 언어를 통해 거칠게 분출된 결과로, 그 안에서 드러나는 논리적 단절과 파편화는 상처 입은 기억이 언어화되는 과정에서 나타나는 양상으로 이해할 수 있다.

석철의 말이 지닌 서사적 공백은, 베트남전 파병을 둘러싸고 국가가 조직해 온 공식적 서사와 대비될 때 그 의미가 더욱 선명해진다. 베트남전 파병이 시작된 것은 한국전쟁 정전 불과 10여 년 뒤인 1964년이다. 당시 국가는 파병을 반공 전선의 확장으로 정당화했으며, 1960~70년대의 영화들은 이를 '자유세계의 일원으로서 한국이 수행하는 사명'으로 포장했다. 이 과정에서 파병 군인은 국가를 위해 헌신하는 영웅으로 형상화되었으며, 그의 경험은 애국적 서사와 전우애 신화 속에 봉합되었다. 이러한 재현은 냉전체제하에서 전쟁을 정당화하고, 사회적 합의를 강제하는 이데올로기적 장치로 기능했다.

〈길소뜸〉은 이러한 재현 구도에서 확연히 벗어난다. 석철은 국가가 기념할 수 있는 전쟁 영웅도, 파병의 정당성을 증명하는 인물도 될 수 없다. 그에게 베트남전은 명예가 아니라 폭력의 연쇄가 남긴 흉터이며, 그의 참전 경험은 영웅적 서사로 봉합되지 못한 채 파편적인 기억으로 남는다. 석철이라는 인물은 파병 군인의 다수가 유년기에 한국전쟁을 겪은 세대였다는 역사적 사실을 환기한다. 그의 신체와 기억은 한국전쟁의 폭력이 또 다른 전쟁으로 이어지는 과정을 드러내는 매개로 자리한다.

이처럼 한 개인의 기억 속에서 맞붙게 되는 두 전쟁은 냉전체제 아래 주변부 국가가 떠안은 대리전이라는 점에서 구조적으로 닮아 있다. 〈길소뜸〉은 이를 암시하는 대사를 직접 등장시키며, 한국전쟁에 내재된 이러한 외부 규정성과 냉전기의 구조적 종속성을 분명히 한다. 두 전쟁을 관통하는 이 비극적 연속성은 연쇄적 트라우마cascading trauma 개념[12]으로 설명할 수 있다. 초기의 상흔이 고립된 사건으로 머무르지 않고 이후의 역사적·정치적 경험 속에서 재연되거나 누적되는 이 과정은, 한국전쟁 고아가 미군부대를 거쳐 베트남전으로 향하는 석철의 여정을 통해 선명해진다.

〈길소뜸〉은 이 누적된 트라우마의 사슬을 드러냄으로써, 국가가 외면해 온 민간인의 고통과 참전 용사의 실존적 후유증을 전면으로 끌어올린다. 특히 주목할 점은 전쟁의 기억이 처리되는 방식이다. 석철의 파병 기억은 단순한 피해 기록에 머물지 않고, 지워지지 않는 상처와 뒤틀린 욕망이 한데 얽힌 복잡한 층위를 형성한다. 국가가 부여한 전쟁의 명분은 석철에게 사적인 원망과 폭력을 배출하는 통로가 되며, 이 과정에서 이념적 전쟁과 가족의 기억은 분리할 수 없을 만큼 뒤섞인다.

두 전쟁의 기억을 가족 서사의 틀로 엮어 내면서도 영화는 이를 감상적 서사로 소비하지 않고, 전쟁의 폭력성이 한 개인의 삶을 어떻게 황폐화하는지를 냉정하게 응시한다. 이 과정에서 문제적으로 부각되는 것은 국가가 내세웠던 전쟁의 명분과 개인이 실제로 마주한 현실 사이의 거대한 간극이다. 전쟁고아이자 파병 군인이었던 석철이 1980년대에 살아가는 삶은, 국가의 이름으로 동원된 전쟁 경험이 수십 년을 관통하며 한 개인의 삶에 남긴 공백을 선명하게 드러낸다.

국가의 성장,
개인의 빈곤

베트남전 파병은 외교적 결단이나 군사적 연대의 문제이기 이전에, 국가가 근대화를 가속화하기 위해 감행한 경제적 계산이었다. 이 과정에서 확보된 외화는 고속도로와 제철소 건설 등 '근대화'라는 이름의 국가 프로젝트에 투입되어 고도성장의 직접적인 동력이 되었다. 단순히 재정적 지원을 넘어 산업 기반시설 확충과 수출 주도형 성장의 기틀을 마련한 셈이다. 말하자면 베트남전은 국가가 산업 역량을 비약적으로 키우는 결정적 분기점이자, 한국 경제성장을 추동한 거대한 엔진[13]이었다고 할 수 있다.

그러나 국가의 도약과 개인의 삶은 별개이다. 성장 서사에서 유기된 전쟁 영웅은 한낱 사회적 잉여일 뿐이다. 〈길소뜸〉은 석철을 성장 가도에서 철저히 배제된 존재로 형상화함으로써, 성장의 비정한 이면을 들춰낸다. 훈장을 받은 참전 유공자임에도 극빈의 굴레를 벗어나지 못하는 그의 현재는, '참전 용사'라는 기념비적 수사 뒤에 은폐된 비루한 현실을 고스란히 노출한다.

이러한 구조적 배제는 당시의 '파병 보상' 구조에서도 분명하게 드러난다.[14] 미국 정부가 지급한 해외근무수당은 국내 급여에 비해 높은 수준이었지만, 이는 위관급 이상 장교들에게 자산 형성의 기회를 제공했던 반면 다수의 병사들에게는 일시적인 생계비에 그쳤다. 파병으로 벌어들인 외화는 국가적 차원의 자본으로 전유되었을 뿐, 병사 개인의 사회적 상승으로 이어지지는 않았다.

당시 파병 병력의 상당수는 빈곤의 탈출구로서 군을 택한 이들이었고, 그들에게 전쟁은 선택이 아닌 절박한 생존 투쟁이었다. 그러나 석철의 사례가 보여 주듯, 전장에서의 헌신은 귀환 이후 사회적 상승의 경로로 이어지지 않았을 뿐 아니라, 트라우마와 가난, 그리고 소외만을 남겼다. 전쟁의 대가로 획득된 외화는 국가성장의 기초가 되었지만, 그 전쟁을 몸으로 겪은 개인의 삶에는 거의 아무것도 돌아가지 않았다.

피에르 부르디외Pierre Bourdieu의 개념을 빌리자면, 국가가 독점하는 '영웅의 기표'는 일종의 상징자본이다. 참전 용사의 훈장은 국가의 정당성을 재생산하는 기제로 작동하지만, 전쟁의 기억이 국가의 명예 체계 속에서 정제될수록 그 기억을 '몸으로 겪은' 개인의 삶은 공적 시야의 바깥으로 밀려난다. 그런 의미에서 석철이 보여 주는 거친 행동과 성정은, 국가가 소비하고 내다 버린 상징자본의 잔여물이자, '성공의 전쟁'이라는 국가적 서사를 밑바닥에서부터 뒤흔드는 가장 불편한 증거물이다. 〈길소뜸〉은 공적 보상과 인정에서 소외된 석철의 일그러진 얼굴을 가감 없이 드러냄으로써, 국가적 영광의 그늘에 가려졌던 하층민 남성의 삶을 조명하고 근대화 신화를 해체하는 정치적 비평의 장을 제공한다.

한편, 한국전쟁과 베트남전, 그리고 하층민의 삶을 관통하는 석철의 궤적은 〈길소뜸〉만의 고유한 발상은 아니다. 이보다 한 해 앞서 제작된 〈그해 겨울은 따뜻했네〉(배창호, 1984)의 주인공 일환(안성기) 역시 전쟁고아이다. 그는 도시의 허드렛일을 전전하다 방직공장에 취직하며, 그곳에서 같이 일을 하는 오목(이미숙)과 결혼한 뒤 생계를 위해 베트남전에 참전한다. 그러나 부상을 입고 귀환한 그를 기다리는 것은 국가적 보상이 아니었다. 마땅한 일자리를 찾지 못하고 심리적 불안정성을 드러내던 그는, 타인의 선처로 겨우 탄광촌에 취직하게 된다. 이곳에서 그는 비로소 가장으로서의 위치를 되찾고 가족과 함께 일시적인 행복을 누리는 듯 보이지만, 이때의 탄광은 실상 경제성장의 혜택에서 소외된 이들이 직면한 물리적·사회적 막다른 골목이었다. 결국 그는 탄광 매몰 사고로 생을 마감하며, 이는 하층 남성이 확보할 수 있는 최선의 생존지가 실은 가장 위태롭고 파괴적인 현장이었음을 역설한다.

일환의 삶은 국가가 약속한 근대화의 환상과 정면으로 충돌한다. 한국전쟁으로 부모를 잃은 아이가 산업화 시대의 공장 노동을 거쳐 다시 베트남전에 동원되는 과정은, 한국의 경제성장이 개인에게 요구한 희생의 형태를 여실히 드러낸다. 탄광으로까지 이어지는 이 경로는 국가 자본의 증식 과정에서 개인이 어떻게 소모되는지를 보여 주는 비극적 도표와 같다. 참전 이후 일환이 보여 주는 거칠고 폭력적인 태도는 전장의 감각이 일상으로 전이된 결과이며, 집은 전쟁의 경험이 재연되는 또다른 전장이 된다. 그의 폭력성은 국가적 동원의 끝에 남겨진 개인의 심리적 붕괴가 가장 내밀한 관계 안에서 노골적으로 표출된 것이라 할 수 있다.

이러한 행로는 〈길소뜸〉 속 석철의 그것과 많은 부분 맞닿아 있다. 두 인물 모두 국가적 위기나 발전의 연대기에 동원되어 자신의 신체를 도구로 소모했다는 점에서 시대적 상흔을 공유하기 때문이다. 일환을 통해 확인하게 되는 것은 석철이 결코 돌출된 인물이 아니라는 사실이다. 석철은 1980년대라는 시대적 자장 안에서 비로소 가능했던, '조국 근대화'의 가장 불편한 이면을 보여 주는 캐릭터라 할 수 있다.

석철이나 일환이 보여 주는 폭력성은 산업화 시기의 한국 사회가 하층민 남성에게 부과한 생존 조건의 반영이자, 상징적 지배의 구조를 내면화한 결과로 읽힌다. 그것은 사회가 이들에게 허락한 거의 유일한 표현 양식이었다. 한국전쟁과 베트

〈그해 겨울은 따뜻했네〉(배창호, 1984)에서 베트남에서 싸우는 일환의 모습.

남전은 서로 다른 전장이었지만, 빈곤과 폭력, 남성성과 생존이 하나의 사슬처럼 연동되어 개인의 삶을 규정했다는 점에서 본질적으로 다르지 않았다.

다만 두 전쟁의 유기적 연관성을 포착하고 이를 실존적 고통으로 구체화하는 방식에서 두 영화는 미묘하게 엇갈린다. 〈그해 겨울은 따뜻했네〉가 두 전쟁의 연결을 서사의 외적인 국면으로 배치한다면, 〈길소뜸〉은 이를 인물의 현재를 규정하는 기억의 구조로 내면화한다. 석철은 한국전쟁에서 비롯된 상실과 단절 위에 베트남전에서 체화된 폭력과 트라우마가 겹겹이 쌓인 존재다. 전쟁은 그에게 이미 종결된 과거가 아니라, 여전히 현재의 삶을 규정하는 생존의 조건으로 지속된다. 전쟁의 상흔이 각인된 석철의 신체는 그 자체로 하나의 계급적 실재다. 〈길소뜸〉은 이 불온한 신체가 중산층 질서와 충돌하며 빚어내는 이질감을 전면에 부각함으로써, 성장의 시대가 끝내 외면한 얼굴을 정면으로 응시한다.

1980년대의
전쟁 서사

1980년대는 한국전쟁을 바라보는 시선이 결정적인 전환점을 맞이한 시기다. 5·18 민주화운동 이후 국가폭력에 대한 성찰이 본격화되면서, 전쟁을 반공 프레임 안에서 '국가 수호의 기원'으로 신화화하던 기존의 서사는 근본적인 균열을 드러냈다. 이제 한국전쟁은 종결된 사건이 아니라 지금-여기의 현실을 규정하며 주체의 삶 속에 여전히 작동하는 역사적 아프리오리a priori로서 재사유되었다. 같은 맥락에서 전쟁은 발전 서사가 은폐해 온 고통을 가시화하는 계기로 부상했으며, 기억의 복원과 재구성이 실천적 쟁점으로 자리 잡았다. 〈길소뜸〉이 한국전쟁과 베트남전을 나란히 배치할 수 있었던 것은 이러한 인식의 전환이 토대가 되었기 때문이다.

두 전쟁의 병치는 국가폭력의 연속성을 성찰하려는 서사적 전략의 산물이다. 한국전쟁이 내부적 적대를 통해 분단과 단절의 체제를 구축한 폭력의 원점이었다면, 베트남전은 조국 근대화 기획이 요구한 또 하나의 폭력적 동원의 현장이었다. 〈길소뜸〉은 이 두 전쟁을 시간적으로 분리된 별개의 사건으로 다루지 않는다. 극 중 석철이 전쟁고아이자 파병 군인, 그리고 하층민 남성으로 설정된 것은 우연이 아니다. 그에게 전쟁의 기억은 추상적인 이념의 문제가 아니라 생존과 노동, 가족관계 속에서 지속되는 실존적 조건이기 때문이다. 이처럼 영화는 전쟁을 삶의 기반을 형성해 온 경험의 층위로 복원해 낸다.

여기서 주목할 대목은 〈길소뜸〉이 베트남전을 소환하는 방식이다. 1960~70년대 영화들이 국가주의 서사의 연장선에서 전장의 스펙터클을 전시해 왔던 것과 달리, 이 영화는 그러한 재현 문법에서 단호히 이탈한다. 베트남전을 소환하면서도 스크린 위에 전쟁을 시각적 사건으로 재현하지 않는데, 이러한 생략은 의도적인 기획의 산물이다. 재현이 유예될 때, 전쟁은 비로소 박제된 시공간에서 풀려나 '지금 여기'를 지배하는 유령 같은 구조가 된다. 눈에 보이지 않는다는 것은 부재를 뜻하는 것이 아니라, 오히려 너무나 깊이 침투하여 일상과 구분이 불가능해졌음을 의미한다. 전쟁을 '사건'으로 보여 주면 그것은 '그때 그곳'의 일이 되지만, 재현을 유예하면 전쟁은 간헐적으로 출몰하는 현재형의 고통이 된다.

궁극적으로 〈길소뜸〉이 던지는 질문은 전쟁이 '어떻게 끝나지 않은 채 지금의 삶 속에 머물러 있는가'이다. 베트남전을 시각적 사건으로 재현하지 않고 기억의 형태로 전하려는 이 영화의 결단은, 그 폭력이 이미 인물의 신체와 삶의 양식 안으로 완전히 삼켜졌음을 의미한다. 〈길소뜸〉이 이로써 증명하려는 것은 근대화의 신화가 외면해 온 폭력의 지속성이다. 그 지속성은 관념이 아니라 육체의 언어로 말해진다. 그리고 그 폭력은 역사의 기록이 아니라 인물의 몸 위에 새겨진 상처로 살아 있다.

7장
몸에 새긴 기억

"이 모든 것이
분단 이후의 장기적인 이질화가
빚어낸 후유증이라고 생각해요."

배우의 얼굴과
'메타-기억'

스타의 얼굴은 과거의 사건과 정서를 즉각적으로 호출하며 관객의 기억을 작동시키는 하나의 매개이다. 스크린에서 스타를 본다는 것은 그 얼굴이 겹겹이 퇴적된 시간과 조우하는 경험에 가깝다. 배우의 얼굴은 개인적 추억과 집단적 기억, 그리고 영화사적 시간이 교차하는 표면으로 기능한다. 왕년의 스타가 중년에 이르러 다시 등장하는 경우, 그의 존재는 하나의 역할이나 캐릭터의 의미를 넘어, 이전의 배역과 감정, 사라진 시간의 흔적이 신체 위에 새겨진 채 드러나는 기억의 저장소이자 살아 있는 아카이브가 된다.

〈길소뜸〉에서 김지미와 신성일의 재회가 더욱 특별한 것은 두 배우의 경력이 한국전쟁 이후 한국 사회가 통과해 온 시간의 궤적과 긴밀하게 맞물려 있기 때문이다. 출발 시점은 약간의 차이가 있지만,* 두 사람 모두 1960~70년대 한국영화의 국민적 스타이자 한 시대를 상징하는 얼굴이었다.

김지미는 근대 여성의 열정과 상처를 체현하는 대표적 배우였다. 〈불나비〉(조해원, 1965)와 같은 현대극은 물론이고 〈장희

---

* 김지미는 〈황혼의 열차〉(김기영, 1957)로, 신성일은 〈로맨스 빠빠〉(신상옥, 1960)로 영화계에 데뷔했다.

빈〉**(정창화, 1961)**, 〈논개〉**(이형표, 1972)**, 〈토지〉**(김수용, 1974)** 등의 시대극에 이르기까지, 그녀의 대담하고 고혹적인 페르소나는 욕망과 그것을 포기하지 않으려는 의지, 그리고 상실을 견뎌내는 삶의 형상을 체현하며 고전적 여성상을 넘어선 한국영화의 새로운 여성 서사를 이끌었다. 반면 신성일은 근대적 남성의 욕망과 좌절을 즐겨 구현한 배우였다. 〈맨발의 청춘〉**(김기덕, 1964)**과 〈안개〉**(김수용, 1967)**, 〈장군의 수염〉**(이성구, 1968)** 등에서 보여 준 수치심과 죄책감은 전쟁의 상흔에서 벗어나지 못하는 세대의 내면을 집약했다.

서로 다른 스타 이미지를 지닌 두 배우지만, 이들의 페르소나는 한국전쟁 이후 형성된 사회적 기억과 긴밀히 연결되어 있다. 두 사람은 전쟁과 분단, 근대화의 경험이 중첩된 시대의 정서를 각기 다른 방식으로 수행하며 한국영화의 감정적 지형을 형성해 온 얼굴들이었다.

〈길소뜸〉은 배우와 관객이 공유해 온 영화적 기억을 다시 작동시킨다. 두 사람의 재회는 그간 축적돼 온 사회적 기억을 호출하는 사건이자, 한 시대의 감정을 관객이 되새기는 일종의 '메타-기억meta-memory'*의 순간을 제공한다. 두 배우를 보며 관객은 자연스럽게 과거의 영화와 젊은 시절의 배우, 그리

---

* '메타-기억'은 기억 연구 전반에서 사용되는 개념으로, 기억 그 자체가 아니라 그것의 형성·매개·재현 과정에 대한 인식을 가리킨다. 알라이다 아스만, 앞의 책 참조.

고 그 시절의 자신을 떠올린다. 그것은 과거의 스크린이 현재로 되돌아오는 순간이자, 잃어버린 시대의 감정이 귀환하는 사건이다. 중년에 이른 김지미와 신성일의 얼굴에는 개인의 생애와 더불어 그들이 구현했던 시대의 정서가 켜켜이 쌓여 있고, 그 표면을 통해 전쟁과 상실의 기억이 현재 속으로 되돌아온다. 이때의 스크린은 허구의 이야기와 배우의 실제 이력이 교차하는 기억의 장이자, 개인적 기억과 집단적 정서를 동시에 작동시키는 하나의 기억 장치mnemonic device**로 기능한다.

김지미의 스타 페르소나와 모성

한국영화 속에서 김지미는 억척스럽거나 온화한 어머니상과는 다소 거리가 있는 편이다. 그녀가 맡은 배역은 주로 매혹적이고 세련된 도시 여성, 혹은 사회적 고통을 견디는 비극적 주체였다. 김지미의 스크린 페르소나에는 사랑과 생존 사이를

** 이 개념은 알라이다 아스만과 얀 아스만Jan Assmann의 문화기억론, 그리고 비비안 숍책Vivian Sobchack의 '체화된 스크린embodied vision'에 기대고 있다. 아스만은 기억이 텍스트나 기록이 아니라 신체적·물질적 매개를 통해 전승된다고 보았으며, 숍책은 영화적 재현을 관객의 몸과 스크린의 감각적 교류로 해석했다. 이러한 맥락에서 배우의 신체는 단순한 인물의 표상을 넘어, 시대의 감정과 기억이 침전된 '육화된 기억체embodied memory'로 작동한다. Aleida Assmann, *Cultural Memory and Western Civilization: Functions, Media, Archives*, Cambridge University Press, 2011.; Vivian Sobchack, *Carnal Thoughts: Embodiment and Moving Image Culture*, University of California Press, 2004.

오가는 긴장이 깃들곤 했으며, 이러한 긴장은 근대의 주체인 동시에 피해자로 살아야 했던 한국 근대 여성의 모순된 정체성을 압축하고 있었다. 〈길소뜸〉의 김지미는 바로 이 페르소나의 연장선 위에 놓인다.

임권택의 1960년대 영화에서도 김지미는 주로 안정된 가정의 울타리 밖에 위치한 인물로 등장한다. 〈왕과 상노〉(1965)의 양반집 규수, 〈닐니리〉(1966)의 무남독녀 낭자, 〈망향천리〉(1967)에서 남편을 그리워하는 아내에 이르기까지, 그녀가 연기한 여성들은 사랑을 좇다 상실의 고통을 감내해야 하는 존재들이다. 욕망에 충실하지만 사랑이 온전히 이루어지는 결말은 허락되지 않는다. 연인이든 아내든, 이 인물들은 남성 욕망의 매개로 기능하는 동시에 근대적 여성 주체가 안고 있는 불안을 드러낸다는 점에서 서로 맞닿아 있다.

이러한 경향은 다른 감독의 작품에서도 확인된다. 심리스릴러인 〈불나비〉의 김지미는 팜 파탈처럼 보이지만, 실상은 남성 폭력에 상처받고 복수에 나서는 인물이다. 〈두고온 산하〉(이강천, 1962)나 〈서울로 가는 길〉(이병일, 1962)처럼 전쟁을 배경으로 한 영화들에서는 시대적 조건으로 인해 사랑을 이루지 못한 채, 죽음이나 상실로 귀결되는 연인으로 등장한다. 장르와 배경은 다르지만 그녀의 캐릭터는 대개 폭력과 상실의 한복판에 놓이면서도 그 조건에 완전히 잠식되지 않는 여성이라는 특징을 갖는다. 세련되면서도 깊은 비애가 느껴지는 그녀의 얼굴은 시대적 폭력에 스러지는 피해자인 동시에 그 안에서도 주체성을 잃지 않으려는 근대 여성의 내면을 응축한 상징이었다.

1970년대에 접어들면서 김지미는 어머니 역할을 맡기 시작하지만, 그 모성은 통상적으로 기대되는 성격과는 거리가 멀다. 그녀가 연기한 어머니는 사회역사적 조건 때문에 '좋은 엄마'가 되기를 유예당한 존재였다. 이를테면 〈천사여 옷을 입어라〉(김기현, 1970)의 주인공은 유곽에서 일했던 과거를 지닌 여성으로, 훗날 화류계 여성이 된 딸과 재회하며 복잡한 죄책감과 슬픔을 드러낸다. 그녀에게 모성은 희생을 미화하는 숭고한 이상이 아니라, 생존을 택한 대가로 자신의 윤리적 정체성을 저당 잡혀야 했던 실존적 고뇌로부터 자유롭지 않다. 상처와 죄의식 속에서 흔들리는 인간적 모습은, 타락을 강요하는 현실을 외면하지 않고 직시하는 근대적 여성의 비극적 자의식을 드러낸다.

이러한 복합성은 〈옥합을 깨뜨릴 때〉(김수용, 1971)에서 정점에 이른다. 전쟁 중 가족과 헤어지고 미군에게 성폭행을 당한 여성은 깊은 죄책감 속에서 고행하듯 살아간다. 훗날 남편과 성인이 된 딸이 찾아와 집으로 돌아가자고 간청하지만, 그녀는 이를 거부하고 대신 고아들을 돌보는 일에 남은 삶을 바치겠다고 말한다. 안온한 가정으로의 회귀가 그녀에게 선택지가

될 수 없는 까닭은, 전쟁이 짓밟아 버린 자존감을 복구할 유일한 길은 스스로 선택한 '속죄하는 삶'뿐이라는 처절한 인식 때문이다.

여기서 주목할 점은 그녀가 보여 주는 이 이질적인 모성의 형태다. 전통적인 모성이 가족이라는 울타리 안에서 자신의 고통을 은폐하고 희생함으로써 완성된다면, 그녀는 전쟁이 남긴 내상을 회피하지 않고 삶의 전면에 내세운다. '더럽혀진 몸'이라는 가부장적 낙인과 '자식을 버렸다'는 죄책감을 안고서는, 무결함을 전제로 하는 '이상적인 어머니'라는 성스러운 신화를 더 이상 연기할 수 없음을 그녀는 알고 있다.

개인적 비극을 타자를 향한 사회적 헌신으로 승화시키려는 그녀의 결단은, 고통스러운 진실 위에 자신의 자리를 스스로 마련하려는 근대적 주체로서의 고독한 선택이다. 전쟁은 그녀에게서 평범한 어머니의 삶을 앗아 갔지만, 역설적으로 그녀는 그 폐허 위에서 '가족의 부속물'이 아닌 '자기 구원의 주체'로 다시 서고 있는 것이다.

비슷한 시기에 제작된 임권택의 〈둘째 어머니〉(1971)와 〈잡초〉(1973)에서도 김지미는 전처소생의 아이들을 위해 몸까지 파는 여성으로 등장한다. 그 희생은 타의에 의한 것이 아니라 누군가를 살리기 위해 스스로 선택한 것이라는 점에서, 이 인물들은 앞서 살펴본 페르소나의 연장선 위에 있다.

이러한 연기 궤적이 〈길소뜸〉의 화영에게로 이어지면서 새로운 어머니상이 만들어진다. 화영은 친자가 확실시되는 DNA 검사 결과 앞에서도 끝내 그 사실을 수용하기를 거절한다. 이는 한국영화가 오랫동안 성역화해 온 '혈연=모성'이라는 관습적 도식을 정면으로 거부하는 선택이다.

하지만 이러한 부정은 오히려 전쟁이 남긴 상흔을 직시하면서도, 그 폐허 위에서 어렵게 일궈 낸 현재의 삶에 더 무게를 두려는 한 인간의 정직한 응답에 가깝다. 이 대목에서 김지미라는 배우가 구축해 온 특유의 페르소나는 화영의 선택에 필연성을 부여한다. 그녀의 단단함은 완강해 보이는 선택 뒤에 숨은 실존적 의지를 느끼게 하고, 특유의 우아함은 그 안에 깃든 인간적 고뇌를 짐작하게 한다. 화영의 내면에는 자식에 대한 죄책감과 훼손된 자존감을 복구하려는 의지, 옛 연인을 향한 애틋함과 그로부터 거리를 두려는 냉철함이 공존한다. 이 상충하는 감정들이 김지미라는 배우의 견고한 이미지 안에서 팽팽한 긴장을 유지하며 맞물릴 때, 화영은 흔들리는 내면을 가진 지극히 사실적이고 입체적인 캐릭터로 완성된다.

이렇듯 복잡한 인물에 생명력을 불어넣는 것은 배우 김지미의 연기다. 그녀의 연기는 과잉된 감정 표현이 아니라, 시선의 떨림, 침묵의 호흡, 억눌린 몸짓으로 이루어진 절제된 신체 언어에 기반한다. 그 절제 속에서 트라우마가 남긴 내면의 균

〈길소뜸〉에서 화영을 연기한 김지미는 시선의 떨림, 침묵의 호흡, 억눌린 몸짓을
통해 트라우마가 남긴 내면의 균열과 절제된 회한을 드러낸다.

열과 절제된 회한이 드러나고, 화영은 비정한 인물이 아니라 감당할 수 없는 기억의 무게를 짊어진 고독한 인간으로 재정의된다. 김지미의 연기가 화영에게 그러한 깊이를 부여할 때, 모성은 본능의 영역을 넘어 시대의 상처를 통과한 한 개인의 실존적 결단으로 확장된다.

이러한 인물의 설득력은 김지미라는 배우의 스타 페르소나와 맞물리며 배가된다. 리처드 다이어Richard Dyer가 말했듯, "스타는 단순한 배우가 아니라 사회적 의미를 생산하는 기표"이다.[15] 김지미라는 스타가 오랜 세월 축적해 온 이미지 자체가 이미 하나의 사회적 텍스트인 셈이다. 〈길소뜸〉은 바로 그 텍스트를 매개 삼아, 모성을 부정하거나 숭고화하는 어느 한 극단에 기울지 않고 그 사이의 진동과 불안 속에서 모성의 새로운 윤리를 탐색한다. 생존과 윤리의 경계 위에서 모성의 의미를 다시 묻는 이 캐릭터의 복합성과 긴장이야말로 김지미에게 다시 한 번 대종상 여우주연상을 안긴 힘이자, 〈길소뜸〉을 한국영화사에서 잊히지 않는 작품으로 만든 이유다.

시간 이미지로서의 '신성일'

〈길소뜸〉의 동진은 마른 체구와 수척한 얼굴, 깊게 팬 눈빛으로 화면에 등장한다. 그의 몸에는 세월의 피로와 삶의 중량이 자연스럽게 배어 있다. 그러나 관객이 마주하는 것은 동진

〈시발점〉(김수용, 1968)(위)에서 전쟁의 상흔과 도덕적 공백으로 인해 부끄러움과 죄책감에 사로잡힌 남성을 연기했던 신성일은 중년의 얼굴로 돌아와 〈길소뜸〉(아래)에 시간의 깊이를 더한다.

이라는 단일한 캐릭터가 아니다. 젊은 시절의 신성일을 기억하는 관객에게 〈길소뜸〉의 동진은 과거와 현재가 교차하는 묘한 울림을 일으킨다. 세월의 흔적이 역력한 현재의 육체 위로 과거의 청춘이 동시에 투사될 때, 배우의 얼굴은 그 자체로 하나의 '시간 이미지'가 된다. 현실과 허구의 경계가 흐려지고 배우의 실존이 영화의 서사와 교직되는, 이른바 '메타-현실'의 순간이 열리는 것이다.

1960~70년대의 신성일은 한국영화계를 대표하는 절대적 스타였다. 로맨스, 액션, 드라마 등 다양한 장르를 넘나들며 그는 도시적 세련미와 남자다운 활력을 겸비한 얼굴로 한국 근대가 욕망한 남성성의 이상을 구현했다. 그러나 그 화려한 외양 이면에는 전쟁이 남긴 결핍과 분노의 그림자가 늘 배어 있었다.

이를테면 〈맨발의 청춘〉에서 그가 연기한 인물은 건달이면서 전쟁고아였다. 한국전쟁 이후 뿌리 잃은 세대의 집단적 상처를 압축적으로 형상화한 존재라 할 수 있다. 1960년대의 전쟁고아는 보호받아야 할 대상이자 동시에 국가의 결핍을 드러내는 상징이었다. 신성일의 이미지는 그 모순을 더욱 심화시켰다. 그는 '멋진 사나이'의 표본이면서도 연민을 불러일으키는 불운한 청년이었다.[16] 매력적 외모와 상처 입은 내면이 서로 부딪히는, 한국 근대의 모순을 온몸으로 구현한 인물형이 곧 젊은 신성일의 페르소나였다.

1960년대 후반에 접어들면서 신성일은 전쟁 이후 남성성이 겪는 혼란을 더 내면적이고 복합적인 방식으로 연기하게 된다. 〈안개〉, 〈장군의 수염〉, 〈시발점〉(김수용, 1968)에 이르는 작품에서 그는 전쟁의 상흔과 도덕적 공백 속에 놓인 남성, 부끄러움과 죄책감에 사로잡힌 얼굴을 반복적으로 호출한다. 이 시기 신성일은 국가가 영웅 서사로 호명하던 남성상에서 물러나, '수치의 주체'로 전면에 등장한다. 그의 얼굴은 여전히 세련되고 강인했지만, 그 표면 아래에는 시대가 억압한 불안과 자기혐오가 잠재해 있었다. 자신감과 허무, 매혹과 상처가 교차하는 이 얼굴은, 트라우마를 내면화한 남성성의 균열을 실체화하는 동시에 국가적 욕망의 균열을 비추는 초상이었다.

배우의 얼굴은 개인의 서사와 집단적 기억을 연결하는 감정의 표면이다. 스타 페르소나는 그 표면 위에 시간의 흔적을 축적하며, 시간이 지나도 사라지지 않고 문화적 기억으로 남는다. 중년이 된 신성일의 얼굴은 한국 근현대사의 시간과 정서가 각인된 하나의 텍스트이자, 기억을 수행하는 매개이다. 전쟁의 상처를 연기하던 청춘이 중년이 되어 옛 연인과 마주하는 순간, 배우의 얼굴은 그 자체로 한국영화의 시간과 감정의 층위를 단숨에 불러낸다. 이때의 그는 더 이상 '멋진 남자'의 아이콘이 아니라, 국가의 욕망과 실패, 그리고 남성성의 피로가 각인된 시대의 주름으로 자리한다. 동진의 서사와 배우의 실존이 겹쳐지는 이 '메타-현실'의 순간을 통해 관객은 한국전쟁의 기억이 현재 속에 다시 살아 움직이는 감각을 획득하게 된다.

몸,
기억의 아카이브

전쟁은 총성과 포화가 멎어도 끝나지 않는다. 그 잔흔은 언어보다 오래 남아, 신체 위에 문신처럼 새겨진다. 상처는 말을 하지 않아도 전쟁을 증언하는 매개이며, 몸은 그 기억을 저장하는 살아 있는 아카이브이다. 〈길소뜸〉은 전쟁이라는 '거대 서사'가 개인의 신체에 어떻게 각인되고, 그 흔적이 어떠한 방식으로 지속되는가에 천착하는 영화이다. 화면 속 배우들의 상흔은 관객이 전쟁을 피부로 실감하게 하는 통로이자, 망각의 틈 속에서 되살아나는 기억의 물질적 증거로 기능한다. 상처 난 몸은 단순한 피해의 표지를 넘어, 기억을 보존하고 전승하는 하나의 기록장치가 된다.

동진의 몸속에는 한국전쟁기의 흔적이 고스란히 남아 있다. 특공대원으로 참전했을 때 박힌 다섯 개의 탄환이 수십 년이 흐른 지금까지도 제거되지 못한 채 그의 육체 속에 실재한다. 이 금속 파편은 단순한 부상의 흔적이 아니라, 생존과 죽음이 공존하는 경계의 징표이다. 탄환은 그가 살아 있음을 증명하는 동시에, 언제든 죽음을 불러올 수 있는 잠재적 위협으로 작동한다. 아내가 그 총알을 두려워하는 이유도 여기에 있다.

이때 몸에 박힌 탄환은 육체에 각인된 물질적 흔적이자, 과거를 현재에 지속시키는 매개체이다. 상처는 언어나 기록보다 훨씬 직접적인 방식으로 과거를 호출하며, 쉽게 소거되지 않는 증거로 남는다. 더 나아가 전쟁의 폭력이 아직 끝나지 않았음을 알리는 표식이기도 하다.

아들 석철의 몸 역시 전쟁과 분단의 폭력을 증언한다. 미군 지프차에 치어 생긴 것으로 추정되는 흉터는 단순한 사고의 자국이 아니라, 점령과 전쟁이 남긴 삶의 조건이 신체에 새겨진 결과이다. 동진의 탄환이 한 세대의 직접적 피해를 증언한다면, 석철의 흉터는 그 폭력의 기억이 세대를 가로질러 지속되며 성장의 시간 속에서도 완전히 치유되지 않음을 알리는 증거이다.

한편 전쟁의 흔적은 신체 내부로부터 불시에 분출되는 반응으로도 나타난다. 화영의 몸은 동진이나 석철과는 다른 방식으로 전쟁의 기억을 소환한다. 구토가 그것이다. 아들의 말을 통해 그의 거칠고 황폐했던 삶이 전해지는 순간, 화영은 울지도 말을 하지도 않는다. 그저 구역질을 할 뿐이다.

그러나 이 구토는 어떤 흉터보다 강렬한 인상을 남긴다. 억눌린 감정이 몸속 깊은 곳에서 솟구쳐 오르는 듯한 이 장면은, 잠복해 있던 상흔이 불현듯 분출되는 트라우마의 신체적 반응으로 읽힌다. 토악질은 단순한 거부감을 넘어, 기억과 죄책감, 생존 조건이 서로 충돌하며 발생하는 신체적 반응이다. 이 또한 몸이 기억을 저장할 뿐 아니라 갱신하고 재현하는 적극적 매개임을 드러낸다.

이러한 신체적 상흔은 제프리 C. 알렉산더Jeffrey C. Alexander 가 말한 '문화적 외상cultural trauma'[17]의 구체적 형상이라 할 수 있다. 알렉산더에 따르면 문화적 외상은, 집단이 겪은 역사적 사건이 단순한 경험으로 남지 않고 공동체의 정체성과 의미 체계에 균열을 일으킬 때 발생한다. 이는 세대와 시간을 가로질러 전승되는 집단적 기억의 체계이다. 동진과 석철의 몸에 남은 상처, 그리고 화영의 구토는 바로 그 외상의 전승을 물질적으로 드러내는 표식이다. 말이나 기록이 언제나 선택적이고 불완전한 반면, 몸에 남은 흔적은 과거를 현재에 고정하는, 삭제 불가능한 물질적 증거인 셈이다.

결국 이들의 상처는 과거의 잔여물이 아니라, 전쟁을 현재속으로 끌어오는 닻이다. 공식적인 전쟁은 멈추었을지 몰라도, 그것이 여전히 우리 삶에서 작동하고 있음을 시각적이고 감각적으로 증명한다. 육체에 각인된 이러한 기억은 전쟁이 봉인된 사건이 아니라 '지금–여기'의 고통으로 살아 있음에 대한 증언이다. 전쟁은 끝나지 않았다.

상흔의 또 다른 얼굴,
결핍

동진의 몸에 박힌 다섯 개의 총알, 석철의 몸에 남은 흉터, 화영의 구토는 모두 한국전쟁이 남긴 폭력의 잔재이자 지워지지 않는 기억의 자국이다. 그러나 임권택은 여기서 멈추지 않는다. 그는 석철이라는 인물을 통해 신체의 흔적을 단순히 전쟁의 상흔이 드러나는 통로만이 아니라, 억눌린 욕망과 사회적 결핍이 새겨지는 서사적 표면으로 확장한다.

전쟁고아로 성장한 석철의 성정은 거칠고 불안정하다. 동진과 화영이 처음 찾아갔을 때 그가 보여 준 것은, 자식과 아내에게 욕설을 퍼붓고 집 마당에서 소변을 누는 모습이다. 이 거리낌 없는 배설 행위와 폭언은 교양이나 사회적 습속이 작동하지 않는 그의 삶의 상태를 시각적으로 각인시킨다. 그의 거친 성정과 폭력성은, 전쟁의 상흔이 한 인간의 존재 방식 전체를 잠식했음을 보여 준다.

동진의 총상이 전쟁의 물리적 흔적이라면, 석철의 원시성은 그 결핍이 내면화되어 욕망의 형태로 되살아난 결과이다.

그의 몸은 사회적 결핍이 욕망의 언어로 변형되는 현장이자, 전쟁고아로 성장하여 사회적 돌봄과 교육을 받지 못한 하층민의 생존 방식이 고스란히 배어 있는 표면이다. 아내에게 폭력적으로 성관계를 강요하는 장면은 그 결핍과 좌절이 타인을 향한 폭력으로 분출되는 순간이다. 그가 보이는 원시성이 단순한 야만이나 인격적 결함일 수 없다는 것이다. 그의 성정은 전쟁과 가난 속에 방치된 채 생존의 법칙만을 익혀야 했던 삶이 몸에 남긴 흔적이다.

그의 캐릭터는 한국영화가 오랫동안 지켜 온 '가난하지만 순박한' 인물상과는 뚜렷이 구분된다. 무엇보다 그는 거칠고 폭력적이다. 석철이라는 존재는 결핍이 폭력과 원초적 욕망으로 전도된 1980년대 한국 사회의 어두운 초상이다. 그것이 궁극적으로 보여 주는 것은, 근대화 과정의 '가난하지만 미덕을 잃지 않던 민중상'이 균열하고 있다는 증거이다.

석철 캐릭터는 1970년대 한국영화 속 '돈을 좇는 청년' 유형과도 대비된다. 전작인 〈내일 또 내일〉(1976)에서 임권택은 성공에 대한 야망에 사로잡혀 무자비해지는 가난한 청년상을 그린 바 있다.[18] 그러나 석철이 자신의 존재를 증명하는 것은, 돈이나 성공이라는 사회적 보상을 향한 욕망이 아니라 성적 충동과 폭력이다. 욕망의 방향이 한층 육체적이고 원시적인 차원으로 내려앉은 경우라 할 수 있다.

〈길소뜸〉이 응시하는 것은 기억이 몸에 새겨지고, 그 몸이 사회의 균열을 대리하는 과정이다. 그 몸들을 통해, 전쟁 기억이 추상적 서사가 아니라 살아 있는 물질적 감각임을 증언한다. 인물들은 모두 어떤 방식으로든 신체를 통해 기억을 짊어지고 있다. 동진의 총상, 화영의 구토, 석철의 흉터와 욕망은 제각기 '기억하는 육체'를 구성한다. 임권택의 카메라는 그 몸들을 통해, 영화가 기억을 저장하는 기록이 아니라 기억을 다시 살아 움직이게 하는 매체임을 증명한다.

에필로그

〈길소뜸〉은 전쟁과 이산을 다룬 대표작으로 호명되곤 하지만, 이 영화에는 우리가 상봉의 순간에 기대하는 회복의 서사가 존재하지 않는다. 가족은 복원되지 않으며, 상처는 봉합되지 않은 채 남는다. 재회의 순간은 또 다른 결핍이 시작되는 계기일 뿐이다. 상처는 해결 불가능할뿐더러 고통이 끝났다는 착각조차 허락하지 않는다. 임권택은 해답을 섣불리 제시하기보다, 전쟁이 끝난 뒤에도 현재의 삶을 잠식하고 있는 상처와 고통을 정직하게 기록할 뿐이다.

이러한 방식은 〈길소뜸〉이 제작된 1980년대라는 시대적 조건과 깊게 맞닿아 있다. 이 시기는 고속 성장의 그늘 아래에서 오랫동안 억눌려 왔던 네이션의 기억들이 수면 위로 떠오르기 시작한 때이다. 특히 광주의 비극은 역사를 '지배의 기록'이 아닌 '저항의 서사'로 재편하려는 실천적 각성을 불러일으켰다. 이러한 요청 앞에서 과거를 재현하는 방식이 달라져야 했고, '역사를 어떻게 보여 줄 것인가'라는 질문은 점점 더 예민해질 수밖에 없었다. 그러나 당시의 한국 사회는 네이션의 상처를 하나의 완결된 서사로 정리하거나 정서적으로 감당할 준비가 되어 있지 않은 상황이었다. 〈길소뜸〉은 이러한 서사의 공백을 숨기려 들지 않는다. 임권택은 질문을 던지되 답을 비워 둠으로써 영화가 감당할 수 있는 윤리의 한계를 분명히 드러낸다. 이는 한 감독의 개별적인 스타일을 넘어, 1980년대 한국영화가 역사를 기억하고 호출하는 패러다임이 근본적으로 전환되고 있음을 보여 주는 징표였다. 나아가 역사 이후를 살아 내야 하는 개인의 삶을 영화가 어떻게 다룰 것인가를 탐색하는 시도이기도 했다.

수십 년에 걸쳐 다양한 장르와 형식을 넘나들었던 감독의 궤적 속에서 〈길소뜸〉은 일종의 분기점에 해당한다. 시기상으로 보면 초기의 장르적 세계에서 후기의 노련한 작가영화로 가는 도정의 한가운데 놓여 있으며, 서로 다른 두 에너지가 충돌하고 교차하는 지점에 위치한다. 김지미와 신성일이라는 과거 최고의 장르적 아이콘들을 스크린으로 소환하면서도, 장르적 문법 속에서 다져 온 자신의 숙련된 기술을 의식적으로 해체함으로써 스타들을 사회역사적 현실 속에 살아 숨 쉬는 입체적인 인물로 재형상화한다. 이러한 선택은 임권택 영화가 역설적으로 가장 영화적인 방식으로 역사의 실재와 정면으로 대면하기 시작했음을 보여 준다.

이 변화의 국면에서 중요한 것은, 임권택이 비로소 자기 세대의 위치에서 네이션의 상처를 바라보기 시작했다는 점이다. 이는 전 시대와의 비교를 통해 더 분명해진다. 1970년대 임권택의 영화들이 한국전쟁을 다루는 방식은 대체로 '아버지 세대'를 향해 있었다. 이를테면 식민지기를 배경으로 집안의 족보를 지키려 애쓰는 노인의 이야기를 담은 〈족보〉(1978), 해방기의 분열과 혼란을 그린 〈깃발없는 기수〉, 좌우 이념 갈등 속에서 고통받았던 인물이 오랜 세월이 지나 가해자를 마주하게 되는 〈짝코〉에 이르기까지, 이 시기의 영화들은 전쟁에 직접 참여한 세대의 고통과 선택을 이해하려는 시도였다. 한국전쟁기에 전사한 아버지의 흔적을 찾으려는 아들을 서사의 실마리로 삼은 〈아벤고 공수군단〉(1982)도 그 연장선 위에 있다. 아버지들이 어떤 시대를 통과했으며 무엇을 잃고 무엇을 감당해야 했는지를 끈질기게 되묻는 것, 다시 말해 그동안 수면에 올리지 못했던 아버지 세대의 시간을 향한 뒤늦은 질문이었던 셈이다.

그러나 1980년대에 접어들면서 임권택의 시선은 서서히 이동하여 과거의 원인을 찾는 데 머무르지 않고, 상처를 안고 살아가는 '현재의 인물들'에게로 초점을 옮긴다. 〈만다라〉로 문을 연 1980년대는 〈아제아제 바라아제〉, 〈티켓〉 들로 이어지는데, 이들 작품 속 인물들은 모두 과거로부터 자유롭지 않다. 영화가 집중하는 것은 과거로부터 상처를 입은 그들이 지금 이 순간을 어떻게 버티고 살아가는가이다. 이때 과거는 설명의 대상이 아니라, 이미 몸에 남아 있는 흔적처럼 작동한다. 아버지의 시간을 이해하려는 시도에서 벗어나 비로소 자신의 현재라는 시간을 말할 수 있게 된 것, 이것이 임권택 영화에서 〈길소뜸〉이 갖는 결정적인 의미이다.

〈길소뜸〉은 이러한 흐름을 가장 응축된 형태로 보여 주는 작품이다. 이 영화에서 전쟁은 지나간 과거로 박제되지 않고, 현재를 규정하는 실존적 조건으로 자리한다. 성장기에 전쟁의 참화를 고스란히 겪어 내야 했던 세대의 기억이 이산가족이라는 국가적 서사를 통과하며 현재로 소환되는 것이다. 그렇기에 〈길소뜸〉은 전쟁 이후의 삶을 살아온 '자기 세대'의 감각, 즉 임권택이 정면으로 마주한 '자신의 시간'을 담은 영화라 할 수 있다. 이 영화의 독보성은 형식적 성취를 넘어, 한 감독이 마침내 자신의 목소리로 발화하기 시작했다는 사실에서 비롯된다.

그러나 이는 확신보다는 하나의 불안을 노정하는 과정에 가깝다. 〈길소뜸〉은 시간과 기억, 그리고 네이션의 상처를 어떤 방어막 없이 마주하면서도 결론을 내리려 하지 않는다. 문은 열었으되 그 너머로 나아가는 방식은 여전히 미결의 상태로 남겨 둔 것이다. 그렇기에 〈길소뜸〉은 다소 불안정하고 미완의 흔적을 보이지만, 바로 그 지점에서 이 영화의 정직함이 증명된다.

나아가 이 불안정성은 이후의 영화들이 되돌아가 참조하게 되는 질문의 출발점이 된다. 여기서 핵심은 임권택이 어떤 해답을 제시했는가가 아니다. 오히려 질문을 시작하는 방식 자체를 바꾸어 놓았다는 것이야말로 의미 있는 부분일 것이다. 이후의 영화들은 바로 이 미결 상태를 견디며 각기 다른 방식으로 질문을 지속하려는 시도들에 해당한다. 이러한 전환은 임권택 영화 여정 전체를 다시 바라보게 만드는 출발점일 수 있다.

1990년대에 접어들면서 임권택이 감행한 일련의 시도들 역시 이러한 맥락에서 이해될 수 있다. 이 시기부터 그는 네이션의 상처를 직접 호출하기보다, 예술가의 삶을 경유하는 우회로를 선택한다. 〈서편제〉(1993)에서 〈취화선〉(2002), 〈천년학〉(2006) 등으로 이어지는 작품들은 그러한 모색이 맺은 결실이다.

소리꾼의 이야기를 다룬 〈서편제〉나 〈천년학〉에서 삶은 고달프고 관계는 회복되지 않으며, 인물들은 끝내 고독 속에 남겨진다. 여기서 예술은 구원의 힘이라기보다 오히려 감내해야 할 형벌과도 같은 조건으로 제시된다. 예술가는 초월적 존재나 예외적인 인물이 아니다. 그들은 역사와 제도, 그리고 자기 자신과의 충돌 속에서 끊임없이 흔들리는 인간일 뿐이다. 예술을 향한 열망은 뜨거울지언정, 예술가의 삶은 언제나 무거운 책임과 부채를 동반한다. 이러한 조건은 예술을 통해서만 자신의 상처를 말할 수 있었던 감독 자신의 위치를 반영한다.

이러한 변화를 앞선 시기와의 단절로 읽을 필요는 없다. 그보다는 기존의 질문을 '예술가'라는 형상을 통해 재배치한 것에 가깝다. 한때 임권택에게 역사는 언제나 개인을 압도하는 거대한 벽이었으며, 그 앞에서 한 개인의 진정성을 확보하는 일은 그의 평생에 걸친 과제였다. 그는 거대 서사의 재현보다 자신의 내밀한 고백을 경유하여 개인의 진정성을 증명하는 길을 택한다. 이 우회는 회피가 아니라, 질문을 멈추지 않으려는 윤리적 선택이다. 후기의 예술가 영화들은 이 숙제에 대한 감독 자신의 고심 어린 답변이자, 이를 지속하기 위해 발굴한 형식적 모색이라 할 수 있다.

〈길소뜸〉은 이러한 모색의 실질적인 분수령에 해당한다. 이 영화를 기점으로 임권택은 외부의 강제나 보편적 휴머니즘이라는 거대 서사의 관성을 깨고, 자기 자신의 목소리로 '진짜 발화'를 시작했다. 특히 당시 이산가족 찾기라는 국가적 이벤트가 만들어 낸 감상적인 서사에 맞서, 국가가 봉합하려던 비극의 실체를 개인의 서늘한 현실로 되돌려 놓았다. 재회한 가족이 서로의 남루한 현실 앞에서 머뭇거리는 풍경을 응시하는 이 영화에서 우리가 주목해야 할 것은 역사를 다루는 새로운 태도이다. 더 나아가 〈길소뜸〉이 보여 준 이 정직한 시선은 이후 그가 예술가의 삶을 경유해 역사를 묻는 시대로 나아갈 수 있게 한 결정적인 토대가 된다.

영화가 역사와 기억을 다루며 진정한 가치에 도달하는 지점은, 개인의 사적인 상처와 정면으로 조우하는 순간이다. 시대의 고통을 자신의 실존적 아픔으로 체득하고 상상할 때, 역사는 박제된 과거를 벗어나 살아 있는 진실이 된다. 임권택의 독보적 위상은 역사가 결코 개인의 진실을 앞지를 수 없다는 사실을 자신의 영화적 언어로 입증했다는 데 있다. 개인적인 상처가 가장 보편적인 역사의 얼굴이 될 수 있음을, 그는 자신의 영화 여정으로 보여 주었다. 그 가운데서도 〈길소뜸〉은 기억이 하나의 윤리가 될 수 있음을 가장 치열하게 탐문한 영화로 자리한다.

주

1 정성일·이지은, 《임권택이 임권택을 말하다·1》, 현실문화연구, 2003, 68쪽.

2 〈138일 생방송 "누가 이 사람을 모르시나요"〉, 《경향신문》 2018년 4월 28일자. https://www.khan.co.kr/article/201804281546021

3 Vivian Sobchack, *The Address of the Eye: A Phenomenology of Film Experience*, Princeton: Princeton University Press, 1992, pp. 241-272.

4 '이산가족찾기 특별생방송', 한국민족문화대백과사전(한국학중앙연구원)의 공식웹사이트에서 제공됨 https://encykorea.aks.ac.kr/Article/E0068362

5 안진, 《'교양 프로그램' 신화의 구성과 해체》, 한국외국어대학교 박사학위논문, 2017 참조.

6 허창, 〈제24회 대종상영화제 심사후감: 향상된 작품 수준〉, 《영화》 104호, 1986년 1월호, 31쪽.

7 국립국어원, 《표준국어대사전》, "뜸" 항목. 혹은, 국토지리정보원, 《한국지명유래집》(2008-2012) 참조.

8 가스통 바슐라르, 곽광수 옮김, 《공간의 시학》, 동문선, 2003 참조.

9 피에르 노라, 김인중 외 옮김, 《기억의 장소 1: 공화국》, 나남출판, 2010, 37~66쪽 참조.

10 정성일, 〈영화관람석: 펠리니 감독 작품세계 순진무구한 어릿광대의 길〉, 《한겨레》 1993년 11월 3일자 11면.

11 주디스 루이스 허먼, 최현정 옮김, 《트라우마: 가정 폭력에서 정치적 테러까지》, 사람의집, 2022, 79-80쪽.

12 정근식, 〈베트남전쟁과 한국의 근대화: '근대화의 전쟁' 담론의 형성〉, 《경제와사회》 제64호, 한국산업사회학회, 2004, 8~35쪽 참조.

13 권혁은, 〈구술을 통해 본 베트남특수-군인 해외근무수당을 둘러싼 오해와 베트남특수의 계급별 경험 차이〉, 《인문과학연구》 no.22, 덕성여자대학교 인문과학연구소, 2016, 175~198쪽 참조.

14 brahim A. Kira et al., "Measuring Cumulative Trauma Dose, Types, and Profiles Using a Development-Based Taxonomy of Traumas", *Traumatology* vol. 14, no. 2, 2008, PP. 62-87 참조.

15 리처드 다이어, 주은우 외 옮김, 《스타-이미지와 기호》, 한나래, 1995, 서문, 17~24

쪽 참조.

16 이에 관해서는 오영숙, 《근현대 한국영화의 마인드스케이프》, 한국영화진흥위원회, 2024, 61~73쪽 참조.

17 Jeffrey C. Alexander et al., *Cultural Trauma and Collective Identity*, Berkeley: University of California Press, 2004, 서문 참조.

18 이 부분에 관해서는 오영숙, 위의 책, 175~181쪽을 참조하라.

참고문헌

단행본

가스통 바슐라르, 곽광수 옮김, 《공간의 시학》, 동문선, 2003.

국립국어원, 《표준국어대사전》.

국토지리정보원, 《한국지명유래집》(2008-2012).

리차드 다이어, 주은우 외 옮김, 《스타-이미지와 기호》, 한나래, 1995.

미셀 푸코, 이정우 옮김, 《지식의 고고학》, 민음사, 1992.

알라이다 아스만, 변학수·채연숙 옮김, 《기억의 공간: 문화적 기억의 형식과 변천》, 그린비, 2011.

오영숙, 《근현대 한국영화의 마인드스케이프》, 한국영화진흥위원회, 2024.

정성일·이지은, 《임권택이 임권택을 말하다·1》, 현실문화연구, 2003.

한국학중앙연구원, 《한국민족문화대백과사전》.

주디스 루이스 허먼, 최현정 옮김, 《트라우마: 가정 폭력에서 정치적 테러까지》, 사람의집, 2022.

피에르 노라, 김인중 외 옮김, 《기억의 장소 1: 공화국》, 나남출판, 2010.

호미 바바, 박홍규 옮김, 《문화의 위치》, 현암사, 2000.

Aleida Assmann, *Cultural Memory and Western Civilization: Functions, Media, Archives*, Cambridge University Press, 2011.

Catherine Russell, *Experimental Ethnography: The Work of Film in the Age of Video*, Durham: Duke University Press, 1999.

Cathy Caruth, *Unclaimed Experience: Trauma, Narrative, and History*, Baltimore: Johns Hopkins University Press, 1996.

Dominick LaCapra, *Writing History, Writing Trauma*, JHU Press, 2001.

Jeffrey C. Alexander et al., *Cultural Trauma and Collective Identity*, Berkeley: University of California Press, 2004.

Marianne Hirsch, *Family Frames: Photography, Narrative, and Postmemory*, Cambridge, MA: Harvard University Press, 1997.

Robert A. Rosenstone, *Visions of the Past: The Challenge of Film to Our Idea of History*, Cambridge, MA: Harvard University Press, 1995.

Stella Bruzzi, *New Documentary: A Critical Introduction*, Routledge, 2006.

Vivian Sobchack, *The Address of the Eye: A Phenomenology of Film Experience*, Princeton: Princeton University Press, 1992.

Vivian Sobchack, *Carnal Thoughts: Embodiment and Moving Image Culture*, University of California Press, 2004.

논문

권혁은, 〈구술을 통해 본 베트남특수-군인 해외근무수당을 둘러싼 오해와 베트남특수의 계급별 경험 차이〉, 《인문과학연구》 no,22, 덕성여자대학교 인문과학연구소, 2016, 175~198쪽.

안진, 〈'교양 프로그램' 신화의 구성과 해체〉, 한국외국어대학교 박사학위논문, 2017.

정근식, 〈베트남전쟁과 한국의 근대화: '근대화의 전쟁' 담론의 형성〉, 《경제와사회》 제64호, 한국산업사회학회, 2004, 8~35쪽.

Ibrahim A. Kira et al., "Measuring Cumulative Trauma Dose, Types, and Profiles Using a Development-Based Taxonomy of Traumas", *Traumatology* vol. 14, no. 2, 2008, pp. 62-87.

정기간행물

허창, 〈제24회 대종상영화제 심사후감: 향상된 작품 수준〉, 《영화》 104호, 1986년 1월호.

〈138일 생방송 '누가 이 사람을 모르시나요'〉, 《경향신문》 2018년 4월 28일자.

온라인

한국학중앙연구원, 《한국민족문화대백과사전》(공식 웹사이트 https://encykorea.aks.ac.kr/Article/E0068362) 검색 일자: 2025년 9월 23일.

길소뜸
Gilsotteum

감독 임권택 | **제작년도** 1985년 | **제작사** (주)화천공사 | **컬러·35mm** | **상영시간** 105분

각본 송길한 | **제작자** 박종찬 | **기획** 김재웅 | **촬영** 정일성 | **조명** 강광호 | **편집** 박순덕 | **음악** 김정길 | **미술** 김유준 | **소품** 이태우 | **의상** 권유진 | **분장** 정준호 | **사운드(녹음)** 김병수 | **사운드(효과)** 김경일 | **특수효과** 박광남·이문걸 | **조감독** 유영진·김상범·김일원·이원재 | **현상** 이종형(영화진흥공사) | **색보정** 김광운 | **스크립터** 최성식

출연 – 민화영 김지미 | 김동진 신성일 | 맹석철 한지일 | 석철의 아내 김지영 | 어린 민화영 이상아 | 어린 김동진 김정석 | 동진의 아내 오미연 | 음악 선생님 허기호 | **특별출연** 의사 최불암 | **특별출연** 화영의 남편 전무송

KOFA 영화비평총서 7

길소뜸
역사 너머의 기억들

2025년 12월 31일   초판 1쇄 발행

지은이 | 오영숙
펴낸이 | 노경인 · 김주영

펴낸곳 | 도서출판 앨피   출판등록 | 2004년 11월 23일
주소 | (01545) 경기도 고양시 덕양구 향동로 218(향동동, 현대테라타워DMC) B동 942호
전화 | 02-710-5526   팩스 | 0505-115-0525   블로그 | blog.naver.com/lpbook12
전자우편 | lpbook12@naver.com

ISBN 979-11-92647-82-1   04680